Das Trambuch, 100 Jahre Züri-Tram

Hanspeter Danuser

Das Trambuch
100 Jahre Züri-Tram

Verlag Neue Zürcher Zeitung

Herausgeber: Verkehrsbetriebe Zürich

Redaktionskommission:
Beat Cagienard
Hanspeter Danuser (Redaktion)
Rolf Haefeli
Ernst Hiestand
Walter Köpfli
Theodor Müller
Gaudenz Tscharner
Heinz Vögeli
Rolf Weiersmüller

© 1982
Verlag Neue Zürcher Zeitung, Zürich

Herausgeber:
Verkehrsbetriebe Zürich
Abteilung der Industriellen Betriebe

Druck:
Grafische Betriebe NZZ Fretz AG,
Zürich

Einband:
Buchbinderei Burkhardt AG, Zürich

Gestaltung:
Arbeitsgemeinschaft
Ernst Hiestand, Zürich,
und Rolf Weiersmüller, Zumikon

Jörg Hägeli

ISBN 3-85823-059-6
Printed in Switzerland

Inhalt

Vorwort

Das Tram bedeutet für Zürich mehr als bloss ein Nahverkehrsmittel: Es ist zu einer Institution geworden. Die sich sonst so nüchtern gebenden Zürcher hegen zu ihrer blau-weissen Strassenbahn eine seltsame Hassliebe. Wie nirgends auf der Welt ärgert sich der zuspätkommende Fahrgast über das Tram, das ihm «vor der Nase» abfährt, aber auch nirgends reagiert die Bevölkerung so sensibel und betroffen auf kleinste Änderungen an ihren Verkehrsbetrieben, sei es am Erscheinungsbild, an der Linienführung oder an den Tarifen.

Dass das Zürcher Tram hundertjährig werden konnte, ist vor allem ein Verdienst der Bürger dieser Stadt. Andere europäische Städte ähnlicher Grösse beschlossen in den Jahrzehnten der zunehmenden Motorisierung, auf das «veraltete» schienengebundene Verkehrsmittel an der Oberfläche zu verzichten. Sie ersetzten ihre Strassenbahn, sei es ganz oder nur zum Teil, durch Auto- oder Trolleybus. Die Zürcher dagegen entschieden sich für den stetigen Ausbau und die laufende Modernisierung ihres Tramsystems.

So kann das Züri-Tram im Jahre 1982 gereift, aber in jugendlicher Frische den Schritt ins zweite Tram-Jahrhundert tun. Die vorliegende, etwas unkonventionell gestaltete Festschrift dient als eine Art Marschhalt. Rückblickend auf das Vergangene und das Bestehende festhaltend, wagt sie auch einen Blick auf künftige Ziele. Dass auch diese nicht ohne Konflikte und Rückschläge zu erreichen sein werden, ist unschwer vorauszusagen, doch mit der echt zürcherischen Mischung an Beharrungsvermögen und Risikobereitschaft wird die VBZ-Züri-Linie ihr bewährtes Tram immer wieder den veränderten Anforderungen anpassen.

Rolf A. Künzle
Direktor

Verkehrsbetriebe Zürich

Dr. Jürg Kaufmann
Stadtrat

Vorstand der
Industriellen Betriebe
der Stadt Zürich

Zürich zu Beginn des Tramzeitalters

In der Mitte des letzten Jahrhunderts zählte Zürich 17 000 Einwohner. Das Gemeindegebiet umfasste damals aber noch nicht viel mehr als den heutigen Kreis 1. Von den Aussengemeinden waren einzig Aussersihl, Enge, Hottingen und Neumünster mit der Stadt verbunden.

Zürich um 1875

Bis 1880 hatte die Bevölkerung Zürichs um fast 50 % auf 25 000 zugenommen. Noch stärker aber war das Wachstum der nächsten Aussengemeinden. Aussersihl hatte seine Einwohnerzahl im gleichen Zeitraum von 1900 auf 14 200 gesteigert und damit mehr als versiebenfacht; seine Bevölkerung machte also bereits mehr als die Hälfte jener der Altstadt aus. Ähnlich stürmisch war die Entwicklung von Riesbach, Enge und Hottingen. Auch die etwas weiter entfernten Gemeinden Wiedikon, Wipkingen, Unter- und Oberstrass und Neumünster waren stark gewachsen.

Dieses schnelle Bevölkerungswachstum widerspiegelt die wirtschaftliche Entwicklung jener Jahrzehnte. Zürich begann damals den Aufstieg vom Provinzstädtchen zur Handels- und Industriemetropole. Die besser bezahlten Arbeitsplätze der Stadt lösten eine erste Landflucht aus. Die Zuwanderer liessen sich fast ausschliesslich in den Vororten nieder. Gleichzeitig begannen sich die Gemeinden sozial und wirtschaftlich verschieden auszuprägen. Das eigentliche Stadtgebiet, der jetzige Kreis 1, wurde zum Geschäfts- und Handelsbezirk, Aussersihl und Wollishofen entwickelten sich zu Industriequartieren. Die Enge war damals die «Millionenvorstadt» Zürichs, während der Mittel-

stand in Hirslanden, Hottingen, Oberstrass und teilweise im Seefeld wohnte. Aussersihl, Wiedikon, Wollishofen, Wipkingen und zum Teil Unterstrass und das Seefeld wurden zu typischen Arbeiterquartieren.

Die rasch wachsenden Vororte überflügelten die Altstadt und liessen die politischen Grenzen ihre reale Bedeutung verlieren. Eine Entwicklung, die schliesslich zur Eingemeindung von 1893 führte.

In der sich rasch ausdehnenden Stadt mussten immer mehr Menschen immer grössere Distanzen zwischen Wohn- und Arbeitsort zurücklegen. So entstand das Bedürfnis nach einem raschen und preiswerten Massenverkehrsmittel. Bereits 1864 gab der Zürcher Stadtrat eine entsprechende Untersuchung in Auftrag. Zwischen 1867 und 1870 verkehrte zeitweise ein Pferdeomnibus zwischen Tiefenbrunnen und Hauptbahnhof. 1877 verfassten Stadtingenieur Arnold Bürkli-Ziegler und Ingenieur Emil Huber-Werdmüller im Auftrag der Gemeindekommission der Stadt Zürich einen «Bericht über Strassenbahnen, Tramways und deren Einführung in Zürich». Als die Landesausstellung von 1883 nach Zürich vergeben wurde, waren die Limmatstadt und ihre Vororte reif für den Bau einer Strassenbahn.

Von oben: Albisrieden, Höngg und Oerlikon zwischen 1880 und 1890

Start mit einer Pferdestärke

Die private «Zürcher Strassenbahn-Aktiengesellschaft» wurde am 25. März 1882 mit Beteiligung der Gemeinden Zürich, Riesbach, Enge und Aussersihl gegründet und mit einem Kapital von 850 000 Franken ausgestattet. Am 16. Mai des gleichen Jahres begannen die Bauarbeiten, und bereits zwischen dem 5. und dem 28. September konnte der Betrieb abschnittsweise aufgenommen werden.

Das erste Zürcher Strassenbahnnetz war 8,1 Kilometer lang und umfasste zwei Linien: Tiefenbrunnen-Limmatquai-Bahnhofstrasse-Paradeplatz-Stockgasse (Enge) und Helmhaus-Münsterhof-Paradeplatz-Sihlbrücke-Zentralfriedhof.

Zahlen und Fakten
Normalspur (1435 mm), um so mehr Platz für das Zugpferd zu gewinnen.
20 vierrädrige Wagen, 5,5 m lang und 2 m breit, 1630 kg schwer, 16 Sitz- und 10 Stehplätze, Kettenbremse, Petrolbeleuchtung, Signale durch Mundpfeifen.
76 Mitarbeiter
44 Haltestellen
10-Minuten-Frequenz
Geschwindigkeit 8,5–9 km/h
Fahrpreise 10/15/20 Rappen

Verschiedene Wagenfarben, nämlich Rot für die Linie Tiefenbrunnen-Stockgasse, Gelb für die Linie Helmhaus-Zentralfriedhof und Graubraun für den Lokalverkehr Tiefenbrunnen-Bahnhof.

Pferde
Von den 81 im Gründungsjahr angeschafften Zugpferden der Ardenner Rasse standen 1893 nur noch drei im Einsatz, die andern wurden «ausrangiert», «veräussert» oder «standen um». Die durchschnittliche Dienstdauer betrug etwas über sechs Jahre, die Beschaffungskosten lagen bei rund tausend Franken.

Die Zugpferde hatten zuerst alle 13 bis 15 Tage, ab 1889 alle 10 Tage einen freien Tag. Ihre Ernährung war vielfältig: Neben Heu und Hafer wurden auch Mais, Kleie und Gerstenmehl verfüttert.

Der Verbrauch an Hufeisen und -nägeln war beträchtlich. So verzeichnet etwa das Lagerbuch für das erste Halbjahr 1891 den Eingang von 250 kg Hufnägeln.

Eine wichtige Nebeneinnahme bot der Pferdemistverkauf. Er trug zum Beispiel im Jahre 1894 6303 Franken ein, immerhin ein Prozent der Gesamteinnahmen von 604 643 Franken!

Unfälle

Noch während des Versuchsbetriebes kam es am 17. September 1882 zum ersten Tramunfall: Ein achtjähriger Knabe wollte am Limmatquai auf ein fahrendes Tram aufspringen, geriet unter die Räder und verlor ein Bein. Die Zürcher Stadtpolizei verfügte für das Stadtgebiet die Betriebseinstellung. Nach sofortigem Rekurs und mehrstündiger Unterbrechung durften die Tramräder wieder rollen.

Proteste

Die allgemeine Trambegeisterung liess schon im Eröffnungsjahr Erweiterungspläne aufkommen. Gegen sie protestierten im Dezember 1882 einige Droschkenkutscher im Stadthaus. Am 31. Dezember 1882 meldete die NZZ:

«Gestern morgen wurde in der Bahnhofstrasse, nicht weit von der Petersgasse, das Schienengeleise der Trambahn unbrauchbar gemacht. Teils waren kleine Steinbrocken in die Schienenrinne hineingekeilt, teils war die Bahn mit Ziegelsteinen belegt. Der auf dem früh anfahrenden Wagen befindliche Kondukteur bemerkte den Unfug, liess halten und die eingetriebenen Steine herausschlagen. Am Sonnenquai zum Beispiel, wo das Tramgeleise zu nahe an die dicht sich folgenden Ecksteine oder Wehrsteine des Seeufers gelegt wurde, hätte durch dergleichen schweres Unglück geschehen können.»

Umweltprobleme

Bereits im ersten Winter wurde behauptet, das Salzen der Geleise führe zum Absterben der Bäume an der Bahnhofstrasse. Schliesslich verbot der Stadtrat weiteres Salzstreuen. Am 16. Februar 1883 musste der Betrieb wegen Schneefalls unterbrochen werden. Daraufhin hob der Regierungsrat als Rekursinstanz das Verbot wieder auf.

Erfolge

Noch während des Versuchsbetriebs im September 1882 wurde das neue Verkehrsmittel von über 100 000 Personen benutzt, im Oktober schon von über 200 000. So schaffte man denn bereits 1883 nochmals 10 Wagen und 50 Pferde an und ging zur 6-Minuten-Frequenz über, die bis heute wichtig geblieben ist. Im Jahre 1896 brachten 5,1 Millionen Passagiere 660 000 Franken ein; die Dividende betrug 22 %!

Das Ende

Ein langes Leben war dem Zürcher Rösslitram von Anfang an nicht beschieden gewesen, denn die elektrische Traktion war im Jahr der Betriebsaufnahme bereits anwendungsreif. Zwei Jahre nach der Übernahme der Zürcher Strassenbahn AG durch die Stadt (1. 1. 1897) wurde der Umbau auf Meterspur und elektrische Traktion beschlossen und im Jahre 1900 durchgeführt. Das letzte Zürcher Rösslitram rollte am 30. September 1900 blumengeschmückt durch die Stadt. Eine Rekonstruktion, in den 50er Jahren durch die Strassenbahnwerkstätte aus einem alten Wagen der Vevey-Montreux-Chillon-Strassenbahn erstellt, steht heute im Verkehrshaus der Schweiz in Luzern.

Strom statt Hafer

Auch die 1893 gegründete **«Elektrische Strassenbahn Zürich AG»** entsprang privater Initiative, allerdings unter Mitwirkung der vom Rösslitram nicht bedienten Gemeinden Hirslanden und Hottingen.

Die ebenfalls beteiligte Maschinenfabrik Oerlikon (MFO) baute die zusammen 4,6 km langen Linien Bellevue–Kreuzplatz–Burgwies und Bellevue–Pfauen–Römerhof–Kreuzplatz, die am 8. März 1894 in Betrieb genommen wurden.

Die MFO lieferte auch die elektrische Ausrüstung für **das erste elektrische Züri-Tram,** das im übrigen von der Schweizerischen Industrie-Gesellschaft Neuhausen (SIG) gebaut wurde. Die zwölf Motorwagen fuhren mit 15 km/h auf Meterspur und zeichneten sich durch eine leichte, fast zierliche Konstruktion aus. Sie waren 5,55 m lang, 1,87 m breit und verfügten über 12 Sitz- und 14 Stehplätze. Als Antrieb diente ein «Dynamo auf einer Achse» mit 14 PS Leistung.

Die Stromabnahme erfolgte über einen Rollenstromabnehmer (Trolley), der bei Weichen, Kreuzungen und Unterbrechungsisolatoren häufig entgleiste. Man zählte damals bis zu 70 Trolley-Entgleisungen pro Tag und fast 100 Fahrleitungsbrüche pro Jahr. Die Umrüstung auf Bügelstromabnehmer kam erst in den Jahren 1915 bis 1917. Einzelne Fahrzeuge dieser ersten Serie blieben dann noch bis 1942 im Einsatz!

Eigene Elektrizität

Das erste elektrische Züri-Tram wurde mit 500 Volt Gleichstrom betrieben. Da die Stadt keine Elektrizität anbieten konnte, musste beim Depot Burgwies ein eigenes Kraftwerk gebaut werden. Es verfügte über zwei kohlenbefeuerte Dampfmaschinen, die über Transmissionsriemen zwei Generatoren antrieben. Die Anlage war aber nur bis zur Übernahme durch die Stadt im Jahre 1896 in Betrieb und wurde nachher abgebrochen.

Zur Geschichte der elektrischen Strassenbahn

Die erste Bahn mit elektrischer Traktion baute Werner von Siemens im Jahre 1879 für die Berliner Gewerbeausstellung.

Die erste elektrische Strassenbahn wurde am 12. 5. 1881 ebenfalls in Berlin vorgestellt.

Das erste elektrische Tram der Schweiz fuhr 1888 auf der Strecke Vevey–Montreux–Chillon.

Zürichs Trampioniere

Zürichs Tram-Frühzeit wurde wesentlich durch private Initiative und Risikofreudigkeit geprägt, denn neben der Zürcher Strassenbahn AG und der Elektrischen Strassenbahn Zürich AG entstanden bis 1907 noch sechs weitere private Quartier- und Vororts-Tramlinien. Sie alle wurden zwischen 1900 und 1931 durch die Stadt zurückgekauft. Hier ein kurzer Überblick:

1895 Zentrale Zürichbergbahn AG

Strecken:
Bellevue–Pfauen–Kirche Fluntern
Platte–Polytechnikum–Oberstrass
Übernahme durch die Stadt am 1.1.1900.

1897 Elektrische Strassenbahn Zürich-Oerlikon-Seebach

Strecken:
Central–Milchbuck–Oerlikon–Seebach
ab 1906 Oerlikon–Schwamendingen
ab 1908 Seebach–Glattbrugg
Übernahme durch die Stadt am 1. 5. 1931.

1898 Industriequartier-Strassenbahn AG

Strecke:
Hauptbahnhof–Limmatstrasse–Hardturmstrasse–Limmatbrücke Wipkingen
Übernahme durch die Stadt am 1. 4. 1903.

1898 Elektrische Strassenbahn Zürich-Höngg AG

Strecke:
Wipkingen–eiserner Steg über die Limmat–Wartau Höngg
Übernahme durch die Stadt am 1. 1. 1924.

1900 Limmattal-Strassenbahn AG
    Strecken:
Stadtgrenze (Letzigraben)–Altstetten–
Schlieren–Dietikon
Schlieren–Unterengstringen–Weiningen
Die Strecke Schlieren–Dietikon wurde
1928 aufgehoben. Übernahme durch
die Stadt am 1. 5. 1931.

1907 Albisgütlibahn AG
    Strecke:
Giesshübel-Albisgütli
Grund zum Bau war das Eidg. Schützen-
fest 1907. Betriebsführung und Personal
von Anfang an durch die Städtische
Strassenbahn Zürich. Übernahme durch
die Stadt am 1. 7. 1925.

17

Das erste kommunale Tram Europas

Bis 1892 bestand die Stadt Zürich nur aus dem heutigen Kreis 1. Auf den 1. Januar 1893 wurden die Gemeinden Enge, Wollishofen, Wiedikon, Aussersihl, Wipkingen, Riesbach, Hottingen, Hirslanden, Fluntern, Ober- und Unterstrass eingemeindet.

Mit einem Schlag war das Stadtgebiet sehr viel grösser geworden, und Zürich versuchte, auch die Entwicklung des öffentlichen Verkehrs in den Griff zu bekommen. Der erste Schritt war die Übernahme der Elektrischen Strassenbahn Zürich AG auf den 1. Juli 1896 (Preis: 750 000 Franken).

Am gleichen Tag wurde auch die **Städtische Strassenbahn Zürich StStZ** gegründet. Zürich war damit das erste Gemeinwesen des Kontinents, das ein öffentliches Tramnetz betrieb. Bereits zweieinhalb Jahre nach der Gründung, um die Jahreswende 1898/99, konnten vier neue Linien in Betrieb genommen werden: Hauptbahnhof–Sihlbrücke–Heuried, Bellevue–Paradeplatz, Bürkliplatz–Bahnhof Enge und Central–Pfauen–Kreuzplatz.

Auf den 1. Januar 1897 wurde auch die Pferdebahn zurückgekauft (Preis: 1 750 000 Franken). Mit ihrer Normalspur und ihrer niederen Geschwindigkeit passte sie natürlich nicht mehr in das neugeschaffene Zürcher Strassenbahnnetz, und so wurde die Umstellung auf Meterspur und elektrische Traktion beschlossen.

Der Umbau der immerhin 9,8 km langen Strecke dauerte vom 18. Juni bis zum 4. Oktober 1898, eine für die damalige Zeit erstaunliche Leistung.

Im gleichen Jahr wurden auch die Linien Bederstrasse–Utobrücke, Brunaustrasse–Morgental und Zypressenstrasse–Stadtgrenze erstellt.

Zu Beginn dieses Jahrhunderts besass die Städtische Strassenbahn Zürichs ein einheitliches, elektrisch betriebenes Netz von 22,5 km Länge, vier Depots und eine Werkstätte. Sie beschäftigte im Jahre 1901 320 Mitarbeiter und setzte 98 Motorwagen und 32 Anhängerwagen ein.

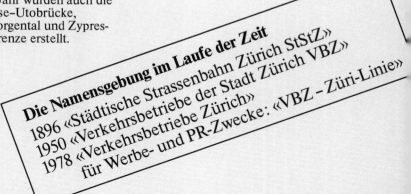

Die Namensgebung im Laufe der Zeit
1896 «Städtische Strassenbahn Zürich StStZ»
1950 «Verkehrsbetriebe der Stadt Zürich VBZ»
1978 «Verkehrsbetriebe Zürich»
für Werbe- und PR-Zwecke: «VBZ – Züri-Linie»

Oben: Central   Unten: Pfauen

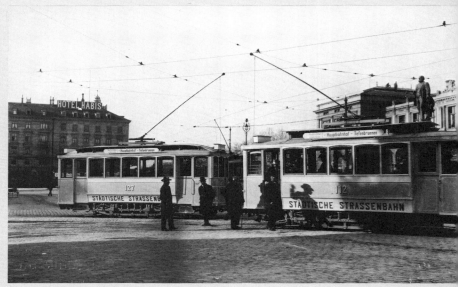

Oben: Bahnhofplatz   Unten: Paradeplatz

ben: Römerhof   Unten: Depot Tiefenbrunnen

Kleine Tramwagen-Parade

In den vergangenen hundert Jahren hat das Züri-Tram sein Gesicht immer wieder verändert und seine Leistungsfähigkeit erhöht. Ein Beispiel mag das belegen: Der erste, 1894 noch von der privaten Elektrischen Strassenbahn Zürich AG erworbene Motorwagentyp verfügte über 12 Sitz- und 14 Stehplätze und erreichte eine Maximalgeschwindigkeit von 20 km/h. Das seit 1976 fahrende Tram 2000 bietet 50 Sitz- und 107 Stehplätze an und erreicht maximal 65 km/h!

Ein Streifzug durch die technische Geschichte des Züri-Trams vermittelt mehr als nur einen Eindruck von der rasanten Entwicklung in den letzten hundert Jahren. Die Gestaltung eines Motorwagentyps steht auch für den Geschmack seiner Zeit.

Unsere kleine Tramwagen-Parade ist keineswegs vollständig und strebt auch keine umfassende technische Information an. Anspruchsvolle Liebhaber seien auf die Fachliteratur verwiesen, mit der sich unser Jubiläumsbuch nicht messen will.

1900
8,2 m lang, 16 Sitz-/17 Stehplätze, 18 km/h

1909
8,2 m lang, 16 Sitz-/17 Stehplätze, 25 km/h

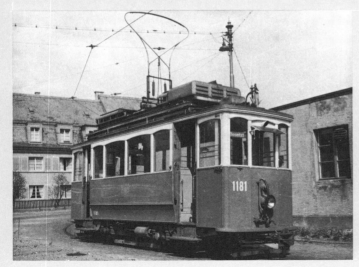

1915
8,6 m lang, 18 Sitz-/17 Stehplätze, 25 km/h

1919
9,6 m lang, 20 Sitz-/25 Stehplätze, 25 km/h

1929
9,6 m lang, 20 Sitz-/21 Stehplätze, 38 km/h

1931
12,2 m lang, 25 Sitz-/32 Stehplätze, 38 km/h

1939
12,3 m lang, 20 Sitz-/67 Stehplätze, 55 km/h

1941
13,95 m lang, 27 Sitz-/73 Stehplätze, 55 km/h

24

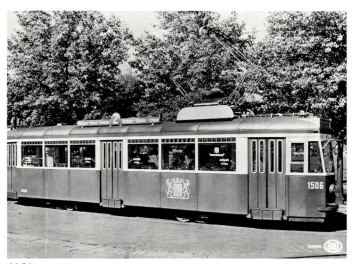

1951
13,95 m lang, 27 Sitz-/73 Stehplätze, 55 km/h

1960
20,45 m lang, 44 Sitz-/116 Stehplätze, 60 km/h

1962
20,45 m lang, 40 Sitz-/125 Stehplätze, 60 km/h

1976
21,4 m lang, 50 Sitz-/107 Stehplätze, 65 km/h

Beim Tram arbeiten

Als in Zürich das elektrische Tram aufkam, gab es zwar schon seit Jahrzehnten eine Eisenbahn, und auf den Strassen ratterten die ersten Automobile. Trotzdem war die mechanische Fortbewegung auf Schiene und Strasse damals noch keine Selbstverständlichkeit, sondern noch immer so etwas wie ein Wunder. Vor allem Eisenbahn und Tram waren damals von jener Aura der Bewunderung umgeben, die wir noch heute beim Luftverkehr kennen. Und was heute für Piloten und Airhostessen gilt, galt damals für Wagenführer und Kondukteure: Die Faszination des Verkehrsmittels übertrug sich auf jene, die mit ihm arbeiteten. Wagenführer und Kondukteure waren damals Traumberufe, und jene, die sie ausübten, waren sich dessen sehr wohl bewusst. Sichtbarster Ausdruck des Besonderen waren die hochgeschlossene Uniform und der Stolz, mit dem sie getragen wurde.

Die alltäglichen Arbeitsbedingungen standen in einem seltsamen Gegensatz zum Berufsprestige. Im klassischen Tramführerstand wurde stehend gearbeitet. Allein schon das war bei einem Zehnstundentag keine Kleinigkeit. Dazu kam, dass die Tramwagen von damals viel weniger gut gefedert und erheblich lärmiger waren als die heutigen. Und obwohl 1899 eine «Weisung des Stadtrates an den Grossen Stadtrat betreffend Arbeitszeit und Lohn der Strassenbahnangestellten» darauf hinwies, dass Wagenführer und Kondukteure «in bezug auf den Dienst und die Verantwortlichkeiten ganz anderen, schärferen Vor-

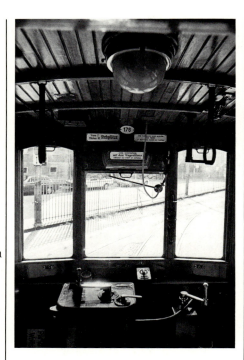

schriften und Strafen unterstellt sind als die übrigen städtischen Arbeiter», bewegte sich ihre Besoldung im damals üblichen, bescheidenen Rahmen.

26

Heute ist der Kondukteur verschwunden, und der Wagenführer ist gewissermassen in die Normalität zurückgekehrt. Trotzdem melden sich bei den VBZ auch heute noch genügend Anwärter für den Fahrdienst, und noch immer sind die Anforderungen hoch, die Auswahlkriterien streng. 1979 zum Beispiel wurde aufgrund der definierten Minimalanforderungen, der Leumundserhebungen und der verkehrsmedizinischen und -psychologischen Untersuchungen nur jeder fünfte Bewerber zur Ausbildung zugelassen. Interessant ist auch die Tatsache, dass heute bei den Berufsmotiven nicht etwa Prestige oder soziale Sicherheit an der Spitze stehen, sondern Freude am Fahren, Verantwortungsbereitschaft und die Möglichkeit der selbständigen Berufsausübung.

Heute sind die Arbeitsplätze in den öffentlichen Nahverkehrsmitteln viel bequemer als früher, die Anforderungen aber sind höher, die Belastungen ungleich grösser. Das hängt nicht nur mit der Vielzahl der Bedienungsfunktionen und der zu überwachenden Instrumente zusammen. Auch die Fahrzeugdimensionen sind viel grösser geworden.

Und schliesslich zwingt auch der ständig zunehmende Privatverkehr zu immer grösserer Aufmerksamkeit und Konzentration. Entsprechend aufwendig ist heute die Ausbildung des VBZ-Fahrpersonals gestaltet. Sie dauert für Tramwagenführer neun, für Bus- bzw. Trolleybuschauffeure sechs bis dreizehn Wochen, je nach vorhandenem Führerausweis. Dazu kommt eine regelmässige Weiterbildung.

Automaten statt Menschen

Jahrzehntelang fuhr auf den meisten StStZ- bzw. VBZ-Fahrzeugen eine Zweimannbesatzung: der Wagenführer oder Chauffeur und der Kondukteur. Dass letzterer so hiess, war zwar nicht gerade eine zürcherische, aber immerhin eine schweizerische Besonderheit, denn im ganzen übrigen deutschen Sprachraum ist dieses französische Lehnwort unbekannt, genau so wie uns die Berufsbezeichnung «Schaffner» fremd ist.

Hauptaufgaben des Kondukteurs waren der Billettverkauf, das Ausrufen der Haltestellen, das Überwachen des Ein- und Aussteigens und die Freigabe der Fahrt.

Doch der Kondukteur war noch weit mehr für die Fahrgäste: ritterlicher Helfer, kompetente Auskunftsperson, lustiger Aufmunterer am Morgen und willkommener Gesprächspartner im fast leeren Tram. Für den Wagenführer oder Chauffeur: ein Kollege, der in manchen Situationen helfend einspringen konnte, sei es beim manuellen Weichenstellen, beim Einlegen eines entgleisten Trolleybusstromabnehmers, bei schwierigem Manövrieren oder bei Unfällen. Kam dazu, dass das Abwarten der fahrplan-mässigen Abfahrtszeiten an einsamen nächtlichen Endstationen zu zweit entschieden kurzweiliger war.

Auch bei den öffentlichen Verkehrsbetrieben spielen aber die Personalkosten eine gewichtige Rolle, und ausserdem gab es Zeiten, in denen sich fast niemand mehr für den Kondukteurberuf interessierte. So verschwand denn die einst legendäre Figur langsam aus den blau-weissen Fahrzeugen und wurde ab 1963 an den Haltestellen durch Billettautomaten ersetzt.

Von nun an waren Wagenführer und Chauffeure allein. Viele litten am Anfang spürbar unter einer gewissen Vereinsamung, und in kritischen Situationen wäre sicher noch heute mancher um kollegialen Beistand froh. Inzwischen hat die Einführung der dauernden Funkverbindung zwischen Fahrzeug und Betriebsleitstelle wenigstens einen teilweisen Ersatz geschaffen.

Von den Fahrgästen verlangten die Billettautomaten eine grosse Umstellung. Auch ist nicht zu übersehen, dass ihre Benützerfreundlichkeit Grenzen hat. Wer hat nicht schon bei herannahendem Tram krampfhaft nach Kleingeld gesucht oder in einer Schlange verzweifelt gehofft, es doch noch rechtzeitig zu schaffen. Erleichterung bringen hier nur die verschiedenen Abonnements, vor allem die Sicht-

karten, die von jedem Automatenzwang befreien.

Auch der VBZ gaben die Automaten neue Probleme auf. Nicht nur dass der Unterhalt der komplizierten Apparaturen recht aufwendig ist. Auch der Erfindungsgeist mancher Mitbürger macht den Automatenspezialisten

immer wieder zu schaffen. Mit was für vielfältigen Tricks schon versucht worden ist, Billettautomaten zu überlisten, kann hier natürlich nicht verraten werden. Tatsache ist aber, dass immer wieder neue Sicherungen eingebaut werden mussten. Heute sind die Automatengehäuse für ihr immer komplizierter werdendes Innenleben schon fast zu klein.

Auf das Tram warten

Im Gegensatz zum privaten Fahrzeug kann ein öffentliches Verkehrsmittel dem Benützer nicht jederzeit, sondern nur in gewissen Zeitabständen zur Verfügung stehen. Schon 1883, im zweiten Rösslitramjahr, wurde der 6-Minuten-Takt eingeführt. Heute, im Zeitalter der modernen Grossraumwagen, beträgt die Wagenfolge im Normalfall sieben bis acht Minuten.

Auf Strecken, die von verschiedenen Linien befahren werden, sind die Intervalle entsprechend kürzer. Aber wie immer auch ein Fahrplan gestaltet sein mag: das Tram benützen heisst auch, auf das Tram warten.

Ob in der angeblich guten alten Zeit Beschaulichkeit, Gemütlichkeit und Zufriedenheit verbreiteter waren und die Menschen geduldiger warten konnten als heute – wir wissen es nicht. Sicher ist nur, dass Warten damals angenehmer war als heute, wo es Autoabgase und -lärm oft fast unerträglich werden lassen.

Immerhin: In den wenigen autofreien Zonen, wie etwa am Paradeplatz, in der Bahnhofstrasse oder am Stauffacher, ist das Warten auf das Tram wieder erträglich geworden.

Schon die Trampioniere schenkten dem Warten Beachtung und versuchten, es so angenehm wie möglich zu machen, vor allem mit Wartehallen, die mit viel Liebe zum Detail gestaltet wurden. Wir wollen hier keine Kulturgeschichte der Tramwartehalle vermitteln; aber es mag reizvoll sein, einmal einen Blick auf einige altehrwürdige, zum Teil heute noch bestehende Wartehallen zu werfen und sie mit modernen zu vergleichen. Eine Gegenüberstellung, die wohl auch erahnen lässt, wie viel sich in den letzten hundert Jahren grundlegend verändert haben muss.

Für das Tram bezahlen

Ein öffentliches Verkehrsmittel kostet seinen Preis. Er muss bezahlt werden, und zwar von jedem, sei es nur als Steuerzahler oder auch als Fahrgast. Beides, Fahrpreise und Defizite öffentlicher Verkehrsmittel, sind auf der ganzen Welt ein Politikum und Gegenstand nie endender öffentlicher Diskussion. Sie soll hier nicht fortgesetzt werden.

Wir beschränken uns auf einige Kennzahlen, aus denen jeder Leser seine eigenen Schlüsse ziehen kann, und verweisen im übrigen auf das Streitgespräch «Nulltarif oder Eigenwirtschaftlichkeit?» auf Seite 112.

Entwicklung Fahrpreis/Ertrag pro Fahrt 1900 bis 1980

Jahr	Teuerstes Billett Stadtgebiet Fr.	Durchschnittlicher Ertrag VBZ je Fahrt* Fr.
1900	–.20	–.126
1910	–.20	–.119
1914	–.20	–.117
1920	–.40	–.248
1930	–.40	–.207
1940	–.50	–.207
1950	–.50	–.200
1960	–.50	–.272
1970	–.70	–.374
1975	–.80	–.443
1980	1.20	–.519

Der durchschnittliche Ertrag pro Fahrt ist vor allem deshalb langsamer gestiegen als der Fahrpreis, weil die Fahrgäste immer mehr auf die neu geschaffenen, preisgünstigeren Abonnemente ausgewichen sind.

Indexentwicklung Lebenskosten/Fahrpreis 1914 bis 1980

Jahr	Lebenskosten Index 1914	Durchschnittlicher Ertrag VBZ je Fahrt Index 1914
1914	100	100
1920	223	212
1930	163	177
1940	156	177
1950	226	171
1960	258	232
1970	352	320
1975	513	379
1980	579	444

Entwicklung Preis Jahres-Generalabonnement/Netzlänge 1920 bis 1980

Jahr	Kosten Jahres-GA Fr.	Netzlänge km
1920	305.–	ca. 65 km
1970	370.–	254 km
1980	515.–	256 km

Wie viele Minuten musste man zwischen 1910 und 1980 für eine Tram- oder Busfahrt arbeiten?

Jahr	Arbeitszeit für eine Fahrt in Minuten
1910	9,5
1920	8,0
1930	6,9
1940	7,1
1950	4,1
1960	4,6
1970	3,1
1975	2,2
1980	2,3

Dargestellt am Beispiel der Malerstundenlöhne in der Stadt Zürich

1920   1925   1927

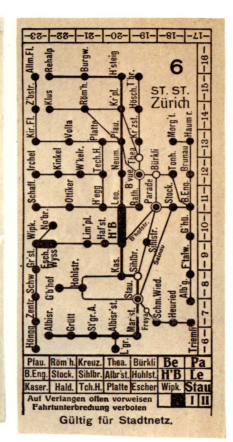

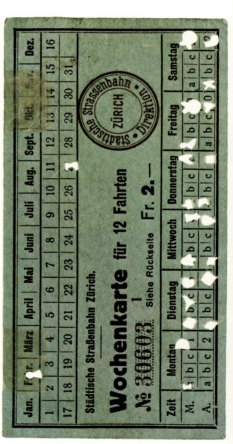

1882
Rösslitram

1884
1. Elektr. Tram

1902–1963
1902

1906

1912

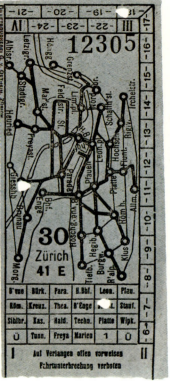

Zürcher Trambillette

aus den letzten hundert Jahren

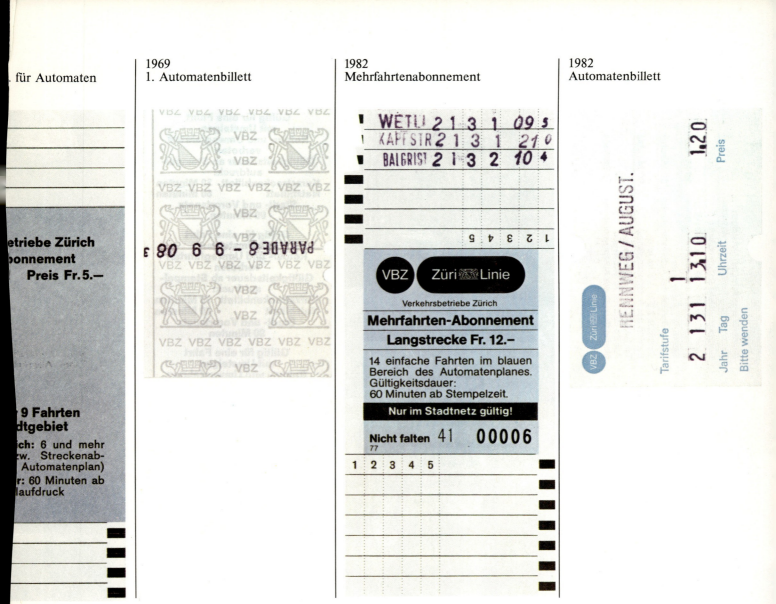

. für Automaten

etriebe Zürich
bonnement
Preis Fr. 5.—

9 Fahrten
tgebiet
ich: 6 und mehr
w. Streckenab-
Automatenplan)
r: 60 Minuten ab
aufdruck

1969
1. Automatenbillett

1982
Mehrfahrtenabonnement

WETLI 2 1 3 1 09 5
KAPFSTR 2 1 3 1 21 0
BALGRIST 2 1 3 2 10 4

1 2 3 4 5

VBZ Züri Linie
Verkehrsbetriebe Zürich

Mehrfahrten-Abonnement

Langstrecke Fr. 12.—

14 einfache Fahrten im blauen
Bereich des Automatenplanes.
Gültigkeitsdauer:
60 Minuten ab Stempelzeit.

Nur im Stadtnetz gültig!

Nicht falten 41   00006
77

1 2 3 4 5

1982
Automatenbillett

RENNWEG / AUGUST.

1.20.   Preis

2 131 1310   Uhrzeit
Tarifstufe   Jahr Tag

Bitte wenden

VBZ Züri Linie

1931

1963

1968
1. Sichtkarte

1968
1. Mehrfahrtenab

Anschaffungspreise der Trammotorwagen 1894 bis 1978

Anschaf-fungsjahr	Anschaffungskosten effektiv Fr.	Index
1894	11 500	100
1900	20 109	175
1907	30 710	267
1912	77 419	673
1919	103 685	902
1928	69 133	601
1929	116 342	1 012
1940	138 667	1 206
1942	140 000	1 217
1949	216 000	1 878
1952	283 344	2 464
1960	342 023	2 974
1966	776 600	6 753
1978	1 260 000	10 957

Betriebsergebnisse der VBZ 1900 bis 1980

Perioden	Aufwand Mio Fr.	Ertrag inkl. Abgeltung Mio Fr.
1900–1909	20,59	20,59
1910–1919	56,46	54,17
1920–1929	122,84	132,39
1930–1939	199,11	192,91
1940–1949	252,83	258,40
1950–1954	194,61	189,43
1955–1959	245,69	242,75
1960–1964	307,73	302,76
1965–1969	392,35	367,16
1970–1974	594,63	481,08
1975–1980	1 098,54	810,03

Investiertes Kapital pro Wagenkilometer 1900 bis 1980

Jahr	Aufwand Fr.
1900	–.94
1910	1.49
1920	2.–
1930	1.84
1940	2.23
1950	2.22
1960	2.98
1965	3.95
1970	7.53
1975	10.76
1980	11.09

Das starke Ansteigen der Kilometerkosten hängt vor allem mit den zunehmenden «Bereitschaftskosten» zusammen: In den Stosszeiten muss zusätzliches Rollmaterial eingesetzt werden, das in der übrigen Zeit ungenutzt herumsteht, während Zins- und Abschreibungskosten weiterlaufen.

Das finanzielle Engagement der Stadt Zürich in den VBZ seit 1900

Jahr	Mio Fr.
1900	2,9
1910	11,3
1920	23,5
1930	36,0
1940	40,0
1950	58,6
1960	90,5
1965	112,1
1970	215,4
1975	321,0
1980	333,0

Entwicklung Kapitalbedarf bzw. Schuld an die Stadtkasse

Paradeplatz 1943

Mit dem Tram fahren

Tramfahren ist in den letzten Jahrzehnten immer angenehmer geworden. Das hängt nicht nur mit grösserem Platzangebot, gepolsterten Sitzbänken oder mehr und bequemeren Ein- und Aussteigemöglichkeiten zusammen. Entscheidend für grösseren Fahrgastkomfort waren vielmehr konstruktive Entwicklungen, denn sie haben Tramfahren ruhiger und leiser werden lassen.

Ausschlaggebend waren vor allem die Verbesserung der Federung, der Übergang zum vollelektrischen Tram ohne Druckluft sowie die Entwicklung von Steuersystemen, die ein ruckfreies Beschleunigen und Verzögern erlauben.

Zum heute selbstverständlichen Fahrgastkomfort gehören aber auch übersichtliche Netzorientierungstafeln, Haltestellenansagen über Lautsprecher sowie Funkdurchsagen der zentralen Leitstelle mit regelmässigen Zeitangaben und Informationen über Störungen und Umleitungen.

Die Entwicklung der Tram-Stadt

von Rolf Bergmaier
(überarbeiteter Auszug aus der am Geographischen Institut
der Universität Zürich verfassten Diplomarbeit «Die Bedeutung des öffentlichen Verkehrs in der Raumerschliessung der
Stadt Zürich von 1850 bis 1976»)

Zürich 1880–1895

Die erste Eingemeindung ist vollzogen. Die Bevölkerungszahl Aussersihls (1884: 30 250) hat jene der Altstadt
(20 100) deutlich überholt. Im eher engen Aussersihl haben
sich viele Arbeiterfamilien niedergelassen, die vor allem im
benachbarten Industriequartier ihr Auskommen suchen. Die
Stadt erweitert sich nicht mehr konzentrisch, sondern breitet
sich in der nun ausreichend meliorierten, weiten Limmattal-
ebene bedeutend intensiver aus. Ebenfalls in ebener Lage
dehnt sich Riesbach, das zweitgrösste neue Quartier, im
Seefeld aus, gefolgt von Wiedikon, Enge und Hottingen. In
der planmässigen Erschliessung des Industriequartiers setzt
die Firma Escher Wyss mit ausgedehnten Fabrikanlagen weit
ausserhalb der Stadt einen markanten Anfang.

Eine weitere Ansiedlung erfolgt längs der Eisenbahnlinie
Richtung Güterbahnhof. Die Bebauung der zentrumsnahen
Quartiere weist kaum mehr Lücken auf und besitzt immer
mehr städtischen Charakter. Oerlikon beginnt sich zögernd
zu einem Industrieort zu entwickeln.

Neben dem Rösslitram betreiben nun zwei ebenfalls
private Gesellschaften elektrifizierte Tramlinien in die
Quartiere Hirslanden, Fluntern und Oberstrass, wobei die
Linie auf den Zürichberg vor allem eine Ausflugsbahn ist.

Zürich 1895–1910

Aussersihl, mit 52 000 Einwohnern, ist 1910 mit Abstand
das bevölkerungsreichste Quartier vor Wiedikon (27 500), der
Altstadt (25 500) und Riesbach (18 800). In einer nächsten
Grössenklasse, die gleichzeitig auch eine grössere Distanz
zum Stadtmittelpunkt aufweist, befinden sich die Enge,
Hottingen, Oberstrass, Unterstrass und Wipkingen. Trotz
Strassenbahnanschluss und eigener Industrie vermögen die

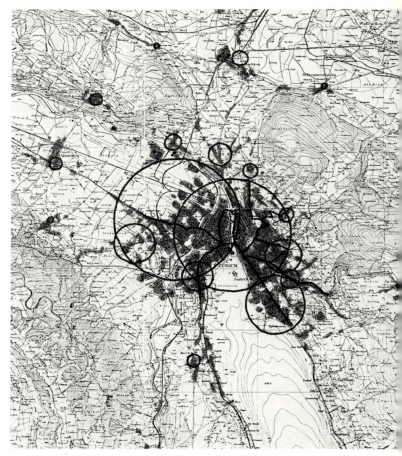

1895

Zur Kartengestaltung
Die Kreise stellen die absolute Bevölkerungszahl dar,
0,5 mm Radius entspricht 1000 Einwohnern. Die jeweilige
Siedlungsfläche ist grau. Das Streckennetz von Tram (durch-
gezogene Linien), Autobus (punktiert) und Trolleybus (strich-
punktiert) ist als Stabdiagramm dargestellt, wobei 0,5 mm
Strichdicke 1000 zu befördernden Personen/Stunde entspricht.
(Reproduziert nach Originalskizzen der Diplomarbeit Bergmaier.)

noch unabhängigen Gemeinden Altstetten, Oerlikon und Seebach nicht nachzuziehen.

Die Entwicklung des Dorfes Höngg und Wollishofens (seit 1893 eingemeindet) wird zwar durch das neue Verkehrsmittel gefördert, durch die periphere Lage aber auch gehemmt. Grundsätzlich aber gilt, dass die absolute Wohnbevölkerung in den Gemeinden oder Quartieren mit direkter Tramverbindung zum Zentrum schneller wächst.

Die Industrieanlagen im Giesshübel entstehen, zwischen Altstetten und Zürich errichten die SBB eine für damalige Begriffe riesige Reparaturwerkstätte, in der Hard werden Schlachthof und Güterbahnhof erbaut. Die Fabrikanlagen im Industriequartier mehren sich und bewirken im Glattal den baulichen Zusammenschluss von Oerlikon und Seebach. Oerlikons Siedlungsfläche weitet sich zur Hauptsache im Glattal aus, die Entwicklung Richtung Zürich erfolgt zögernd entlang der Schaffhauserstrasse. Altstetten, ursprünglich eher ein Strassendorf entlang der Badenerstrasse, entwickelt sich unter dem wirtschaftlichen Einfluss der Eisenbahnlinie nun plötzlich quer zur Talachse.

In der Stadt Zürich beginnt auch ausserhalb des Industriequartiers und Aussersihls die planmässige Besiedlung mit Kolonien. Ganze Strassenzüge werden angelegt, die Struktur der heutigen Stadt lässt sich bereits in ihren Umrissen erkennen.

In der Hochkonjunktur vor dem Ersten Weltkrieg wird das Grundgerüst des heutigen Strassenbahnnetzes geschaffen. Die kommunalen Tramlinien bedienen nur das Stadtgebiet, private Gesellschaften betreiben die Strecken in die Aussengemeinden. Das Angebot auf den einzelnen Strassen differiert erheblich, so dass die Hauptverkehrsströme erkennbar werden: Die Innenstadt mit ihren drei Hauptknotenpunkten Bellevue, Paradeplatz und Hauptbahnhof nimmt als Arbeitsplatz an Bedeutung zu. Von ihr aus führen die wichtigsten Äste nach Aussersihl, der Enge und dem Seefeld.

Auch im Industriequartier finden sich vorwiegend Arbeitsplätze. Der Zwang zur Raumüberwindung steigt, und deshalb verstärken sich die Verkehrsflüsse durch das Stadtzentrum in andere Quartiere. Einen Spezialfall stellt Unterstrass dar, das von zwei Tramlinien bedient wird: einerseits durch die «Elektrische Strassenbahn Zürich-Oerlikon-Seebach AG» (ZOS) und andrerseits durch die «Städtische Strassenbahn Zürich» (StStZ), die in der Weinbergstrasse, einem Parallelstrassenzug zur Schaffhauserstrasse, eine Konkurrenzlinie zur ZOS erstellt.

Nachdenklich muss die Tatsache stimmen, dass die durch das Industriequartier führende Linie eine sehr niedrige Frequenz aufweist: Vielen Arbeitern ist die Strassenbahn zu teuer, so dass sie es vorziehen, den Weg zum Arbeitsplatz zu Fuss oder mit dem Fahrrad zurückzulegen.

Zürich 1910–1920

Mit 51 600 Einwohnern dominiert Aussersihl 1920 die übrigen Quartiere und Gemeinden in und um Zürich nach wie vor deutlich. An zweiter Stelle steht Wiedikon (31 000), dessen Bevölkerung durch eine planmässige Erschliessung beachtlich angestiegen ist. In der Altstadt entstehen laufend neue Arbeitsplätze, die Wohnbevölkerung dagegen verringert sich von Dekade zu Dekade. Die potentielle Siedlungsfläche Riesbach ist beinahe vollständig überbaut, bevölkerungsmässig ist dieses Quartier jetzt an die dritte Stelle gerückt (21 500). Die Enge, Hottingen, Oberstrass, Unterstrass und Wipkingen belegen das Mittelfeld. Wollishofen, Hirslanden und Fluntern weisen nach wie vor geringe Bevölkerungszahlen auf. Grundsätzlich unterscheiden sich die Verhältnisse nicht wesentlich von jenen vor dem Ersten Weltkrieg.

Dieser kriegsbedingten Stagnation entspricht ein Stillstand beim Ausbau des öffentlichen Verkehrs, von kleinen Netzergänzungen abgesehen. Zahlreiche Kreuzungen mit der linksufrigen Seebahn und komplizierte Verbindungen (häufiges Umsteigen) hemmen die Entwicklung des öffentlichen Verkehrs bis in die Mitte der zwanziger Jahre.

Zürich 1920–1930

Die planmässige Überbauung der noch freien städtischen Siedlungsflächen bringt vor der zweiten Eingemeindung noch einmal einen Bevölkerungsanstieg im zweiten Gürtel, vor allem in Wipkingen (1930: 11 700) und Unterstrass (12 800).

Ausserhalb der Stadtgrenzen wachsen vor allem Altstetten und Oerlikon. In Altstetten siedeln sich um die SBB-Werkstätten weitere Industrien an. Oerlikon weitet sich nun immer mehr Richtung Milchbuck aus. Auch die übrigen Quartiere und Gemeinden verzeichnen einen konstanten Anstieg ihrer Wohnbevölkerung.

Die letzten privaten Strassenbahngesellschaften werden bis 1931 von der Stadt aufgekauft. Die öffentlichen Verkehrsverbindungen in die bevölkerungsreichen Quartiere werden stark verbessert. Neue Tramlinien ins Hardquartier, nach Albisrieden, auf den Zürichberg, zum Hardturm und zum Bucheggplatz entstehen.

Mit der ersten Autobuslinie von Unterstrass nach Aussersihl kommt man in Zürich vom reinen Prinzip der Radiallinien ab und baut nun auch Tangentialverbindungen, und zwar als kapazitätsarme Buslinien. Im Vorfeld der zweiten Eingemeindung bietet die Stadt den einzugemeindenden Ortschaften den Anreiz der Erschliessung durch Buslinien. So entstehen etwa die Verbindung Affoltern–Oerlikon–Schwamendingen und die Linie nach Witikon.
Die Bedeutung des Privatverkehrs steigt von nun an unablässig.

Zürich 1930–1940

Trotz wirtschaftlicher Stagnation in den dreissiger Jahren nehmen Siedlungsfläche und absolute Bevölkerungszahl (1941: 336 400) weiter zu, nicht zuletzt wegen der 1934 erfolgten zweiten Eingemeindung. Vor allem Unterstrass, Wiedikon und die ehemaligen Gemeinden im Limmattal vergrössern sich frappant.

In Altstetten beginnt sich die Industriezone entlang der Eisenbahnlinie zu schliessen. Die untersten Hanglagen des Käfer-, Adlis- und Üetlibergs werden immer stärker überbaut. Bald ist auch Albisrieden baulich mit dem übrigen Stadtgebiet verbunden. Bereits vor dem Zweiten Weltkrieg beginnt die Entwicklung Witikons. Die Überbauung Eierbrecht spielt dabei die Rolle einer Pioniersiedlung.

Die Ausweitung der Wohnquartiere stagniert trotz der Zugehörigkeit zur Stadt: Die Entwicklung Schwamendingens

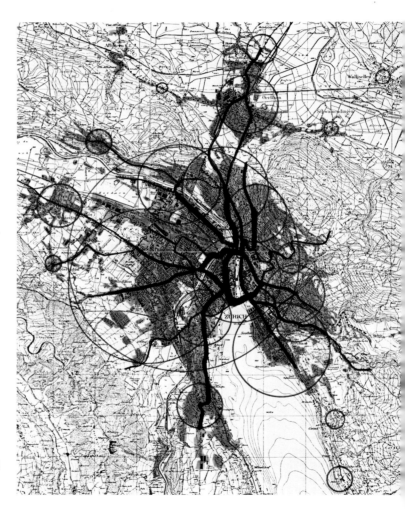

1930

steck noch in den Anfängen. Oerlikons Industriequartier dehnt sich stetig weiter aus.

Dank schrittweiser Einführung von Grossraumwagen verbessert sich das Kapazitätsangebot auf den wichtigsten Tramlinien. Mit der Umstellung der Autobuslinie B (Bezirksgebäude–Bucheggplatz) auf Trolleybus hält ein neues Verkehrsmittel Einzug. Der Ausbau des Streckennetzes stagniert trotz Zunahme der absoluten Wohnbevölkerung. Das ist ein Indiz für die relative Zunahme des Privatverkehrs.

Zürich 1940–1950

Die Bevölkerung der Glattregion hat stark zugenommen. Innert zehn Jahren erreicht die Einwohnerzahl Schwamendingens (1950: 13 900) fast jene Oerlikons vor dem Krieg. Der Bauboom hat aber auch in Affoltern und in Seebach eingesetzt. In beiden Fällen wird der alte Dorfkern nicht in die neuen Quartiere einbezogen. Siedlungsschwerpunkt bildet in Affoltern die Wehntalerstrasse, in Seebach die Schaffhauserstrasse.

Das gleiche Phänomen lässt sich bei der Besiedlung der bis anhin noch unüberbauten Flächen zwischen Albisrieden und Wiedikon erkennen: Eine Zentrumswirkung der Schmiede Wiedikon oder der auf dem Bühl gelegenen Kirche kommt nicht zur Geltung, und der alte Dorfkern Albisriedens liegt viel zu peripher, um zum Beispiel für die Quartiere um den Albisriederplatz von grosser Bedeutung zu sein.

Andere Quartiere, wie die beiden ehemaligen, überaus stadtnahen Strassendörfer Unter- und Oberstrass sowie das Industriequartier, besassen kaum je ein markantes Zentrum und waren immer auf den Stadtkern ausgerichtet. Das unterstreicht die Magnetwirkung der Innenstadt auf Arbeitsplätze und ihre Bedeutung als Dienstleistungszentrum.

Durch die Ausdehnung der Stadt im Norden wird auch die Strassenbahnverbindung dieses Gebietes zur City immer wichtiger: Abgesehen von der bestehenden Industrie in Oerlikon werden im Glattal im Vergleich zum massiven Bevölkerungswachstum viel zu wenig Arbeitsplätze geschaffen. Diese entstehen vielmehr im benachbarten Limmattal. Die Tramlinie Oerlikon–Hauptbahnhof entwickelt sich deshalb

immer mehr zur eigentlichen Nabelschnur des Zürcher Strassenbahnnetzes.

Auf der andern Seite der Stadt ist auch Wiedikon stark gewachsen und verlangt nach besserer Erschliessung und Bedienung. Die Verkehrsbetriebe rüsten deshalb die wichtigste Tramlinie mit modernstem Rollmaterial mit noch grösserer Kapazität aus und verlängern sie bis Triemli. Dank den neuen Grossraumwagen werden nun auch die Quartiere Seefeld, Oberstrass und Aussersihl besser bedient.

Die Tangentiallinien sind nun zum Teil auf Trolleybusbetrieb umgestellt, Schwamendingen erhält eine direkte Autobusverbindung Richtung Stadt. Reine Wohnquartiere (zum Beispiel Schwamendingen) bedürfen einer bedeutend besseren Bedienung durch die öffentlichen Verkehrsmittel, weil hier der Zwang zur Raumüberwindung grösser ist als in gemischten Quartieren (zum Beispiel Altstetten).

Hat die Strassenbahn früher die bauliche Entwicklung einzelner Quartiere zumindest ausgelöst, so scheint sich jetzt eine solche Erschliessung nur noch geringfügig auszuwirken, zweifellos eine Folge der zunehmenden individuellen Motorisierung. Auch die Umstellung der Tramlinie 1 (Burgwies–Hardplatz) auf den kapazitätsschwächeren Trolleybusbetrieb weist in diese Richtung.

Zürich 1950–1960

Die Einwohnerzahl erreicht 1960 mit 440 200 ihren höchsten Stand: Da die bauliche Entwicklung der zentrumsnahen Quartiere zur Hauptsache abgeschlossen ist und die City sich weiter ausdehnt, geht der Bevölkerungsstand in den folgenden Jahren laufend zurück. Im Limmattal liegende Quartiere vergrössern sich weiterhin stetig (Albisrieden, Altstetten, Höngg), diejenigen des Glattals zum Teil massiv (Affoltern, Schwamendingen, Seebach). 1960 steht Schwamendingen mit 33 350 Einwohnern bevölkerungsmässig hinter Wiedikon (56 100) und Aussersihl/Industriequartier (53 800) an dritter Stelle, weist aber nur sehr wenig Arbeitsplätze auf. Die Industrie dehnt sich im Herdern-Areal immer stärker aus.

Mit zusätzlichen Buslinien wird der baulichen Entwicklung in Zürich-Nord verkehrsmässig wenigstens etwas Rechnung getragen. Vergleicht man aber die Verkehrserschliessung mit jener des beinahe gleich grossen Unterstrass, so erweist sie sich als sehr bescheiden. Sie entspricht bei etwa dreifacher Einwohnerzahl nur gerade jener von Affoltern.

Weil zu spät auf das starke Bevölkerungswachstum reagiert worden ist, verliert der öffentliche Verkehr gerade in den neueren Quartieren zugunsten des privaten Verkehrs an Terrain. Die zentrumsnahen, frequenzstarken Buslinien des Limmattals sind nun vorwiegend auf Trolleybusbetrieb umgestellt, gleichzeitig ist auch ihre Kapazität erhöht worden. Die Frequenzen auf den wichtigsten Strassenbahnlinien werden wiederum etwas verdichtet, vor allem, um den verstärkten Pendlerstrom aus der nahen Agglomeration abzufangen.

Dank einer neuen Trolleybuslinie erhält Altstetten eine zweite leistungsfähige Verbindung zum Stadtzentrum, Höngg ist durch eine neue direkte Autobuslinie besser mit dem Hauptbahnhof verbunden. Durch diese und weitere Linien wird das öffentliche Verkehrsnetz immer feinmaschiger und damit attraktiver.

Zürich 1960–1970

Die bauliche Entwicklung der Stadt Zürich nähert sich ihrem Abschluss. Letzte grössere Freiflächen werden überbaut. Vor allem in Seebach, Affoltern, Altstetten und Wiedikon erhöht sich die Einwohnerzahl spürbar. Die Bevölkerung der Altstadt schwindet immer mehr und erreicht 1970 mit 10 450 Einwohnern nur noch etwas mehr als einen Drittel des Standes von 1895.

Die Einführung von Gelenkwagen auf den wichtigsten Tramlinien erhöht deren Beförderungskapazität sprunghaft. Die grössten Tramkompositionen können nun zweieinhalbmal soviel Passagiere transportieren wie die grössten Busse. Dazu kommt, dass die Tramzüge weniger im Grossstadtverkehr steckenbleiben als Auto- und Trolleybusse. Beides führt zu einer noch stärkeren Betonung der Strassenbahn-Radiallinien: Anstatt den Verkehr zu entflechten, fahren die meisten Passagiere über das Zentrum. Der grösste Nachteil der VBZ-Linienführung, die Eigenbehinderung im Stadtkern, kommt so noch stärker zum Tragen.

1962 lehnen die Stimmbürger den Bau einer Tiefbahn mit 21 km unterirdischer Führung ab. Darauf beginnt man mit der Projektierung einer U-Bahn (s. Kap. «Ausgeträumte U- und Tiefbahnträume»).

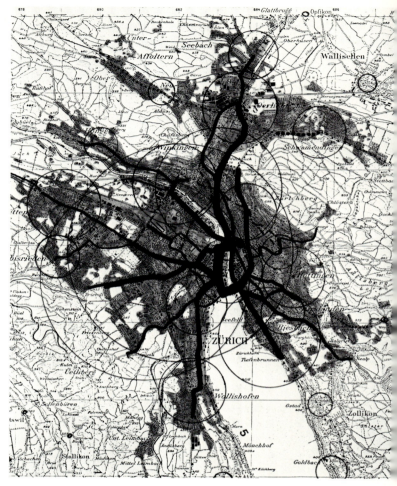

1950

Zürich 1970 bis 1982

Das Wohnbauwesen stagniert. Gleichzeitig steigt die Bedeutung Zürichs als zentraler Ort für Dienstleistungen ständig, was die Umwandlung von zentrumsnahem Wohnraum in Büroraum immer lohnender macht. Viele junge

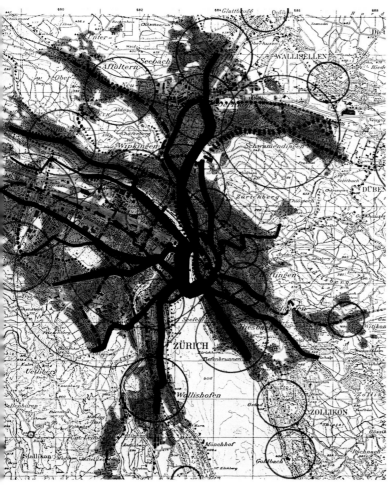

Der Wanderverlust kann durch diese Wohnraumerweiterung aber nicht mehr wettgemacht werden.

1980 ist die Einwohnerzahl Zürichs auf 366 800 zurückgegangen, nachdem sie 1970 noch 422 650 betragen hatte. Durch die zunehmende Entmischung von Wohn- und Arbeitsort verödet die City am Abend. Die eigentlichen Wohnquartiere hingegen werden zu reinen Schlafstädten.

Die Karten wurden mit Bewilligung der Eidg. Landestopographie reproduziert.

1976

Familien verlegen ihren Wohnsitz in die nähere und zunehmend auch in die fernere Agglomeration. So entsteht ein noch grösserer Zwang zur täglichen Raumüberwindung. Rege Bautätigkeit herrscht eigentlich nur noch in den periphersten Räumen der Stadt, in Leimbach und in Witikon.

Ein wenig Statistik

Eine Redensart besagt, dass man mit Statistiken alles belegen könne. Das mag zwar sein. Trotzdem ist die Entwicklung der wichtigsten VBZ-Kennzahlen beeindruckend. Wenn zum Beispiel für das Jahr 1980 insgesamt 30 Millionen Wagenkilometer ausgewiesen werden, dann bedeutet das nichts weniger, als dass die VBZ-Fahrzeuge im Durchschnitt jeden Tag über 80 000 km zurückgelegt oder mehr als zweimal die Erde umfahren haben! Auch die Zahl der Passagiere ist erstaunlich. Die 1980 registrierten 217 Mio Passagiere übertreffen nämlich sogar das Ergebnis der SBB (216 Mio) und entsprechen einer Tagesleistung von rund 600 000 Personen. Das ist mehr als die anderthalbfache Einwohnerzahl Zürichs!

Statistische Zahlen VBZ (inkl. Vororts- und Regionalbetriebe) 1900 bis 1980

Jahr	Betriebslänge Strassenbahnnetz in km	Anzahl Fahrzeuge für Linienverkehr	Mitarbeiter	Wagen-km absolut (in 1000)	Wagen-km je Mann/Jahr effektiv	Anzahl beförderte Personen in Mio
1900	–	Pferdebahn im Umbruch	387	3 088	7 978	9,77
1910	34,5	218	623	7 600	12 199	32,44
1920	38,3	329	1 182	11 772	9 960	47,56
1930	54,3	422	1 705	19 556	11 470	86,56
1940	63,3	467	1 661	17 923	10 790	85,54
1950	63,5	660	2 280	26 462	11 606	159,98
1960	59,9	791	2 720	30 379	11 169	196,44
1970	59,5	613	1 956	28 596	14 620	202,30
1975	59,6	655	2 065	29 836	14 450	209,32
1980	61,6	643	2 062	30 020	14 559	217,18

Die private «Konkurrenz»

Die Verkehrsgeschichte unseres Jahrhunderts ist geprägt durch ein rasantes Wachstum des öffentlichen und des privaten Verkehrs. Doch während der öffentliche Verkehr sich mehr oder weniger kontinuierlich entwickelt hat, begann der private Verkehr erst nach dem Zweiten Weltkrieg an Breite zu gewinnen.

In der Stadt Zürich ist das Nebeneinander von Tram, Bus und Privatauto denn auch erst in den fünfziger Jahren langsam zum Problem geworden. Tatsache ist, dass sich die beiden Verkehrsträger immer mehr behindern.

An Lösungsvorschlägen hat es in den letzten 25 Jahren nicht gefehlt. Die Idee, den öffentlichen Verkehr unter die Strasse zu verlegen, ist in Zürich nicht angekommen. Bestrebungen, die sinnvolle Ergänzung von Individual- und öffentlichem Verkehr gezielt zu fördern (z. B. mit «Park-and-Ride»-Anlagen), hatten bis jetzt nur mässigen Erfolg. So hat man denn pragmatisch begonnen, den öffentlichen Verkehr punktuell zu bevorzugen, zum Beispiel bei Lichtsignalanlagen, mit reservierten Strassenstreifen, autofreien Zonen oder mit abgetrennten Schienentrassees. Grundsätzlich verbessert aber hat sich die Situation dadurch nicht.

Wer sich entschliesst, auch in der Stadt sein Auto zu benützen, hat dafür seine Gründe, die zu respektieren sind. Allerdings muss er auch bereit sein, für seine individuelle Mobilität einen vielfältigen Preis zu bezahlen: Wartezeiten im Kolonnenverkehr, Stress und Parkplatznot, ganz zu schweigen von den Kosten für Betrieb, Unterhalt und Amortisation.

Wer ein öffentliches Verkehrsmittel benützt, fährt billiger und erspart sich manchen Ärger. Dafür muss er sich mit einem starren Fahrplan abfinden und auch damit, dass er Beginn und Ende der Fahrt nur annähernd frei wählen kann.

Sicher ist, dass es zwischen Individual- und öffentlichem Verkehr kein Gegeneinander, sondern nur ein Miteinander, kein Entweder-Oder, sondern nur ein Sowohl-als-auch geben kann. Noch ist die harmonische Partnerschaft nicht verwirklicht. Sie muss wohl erdauert werden, denn sie lässt sich in unserer freiheitlichen Demokratie weder erzwingen noch verordnen, sondern beruht letztlich auf der freiwilligen Einsicht jedes einzelnen Verkehrsteilnehmers.

1900

0

Schattenseiten

Im Jahre 1900 legten die StStZ-Fahrzeuge jeden Tag 8500 km zurück. 1950 wiesen die VBZ 72 500, 1980 sogar 82 250 km aus! Ab 1950 stieg auch der Privatverkehr sprunghaft an, die Belastung der Wagenführer und Chauffeure nahm stetig zu, ebenso die Wahrscheinlichkeit eines technischen oder menschlichen Versagens.

Will man die Unfallhäufigkeit eines Verkehrsmittels beurteilen, kommt man um Statistik nicht herum. Ein Verfahren, das oft auf Widerstände stösst, weil die so entstehenden Werte Ernst und Tragik des einzelnen Unfalls zu verkleinern und zu verharmlosen scheinen. Trotzdem lassen sich Unfallrisiken nur so sinnvoll vergleichen.

Deutsche Untersuchungen haben ergeben, dass das Todesfallrisiko in öffentlichen Verkehrsmitteln in den letzten zwanzig Jahren drastisch abgenommen hat und sogar unter jenem von Linienflugzeugen liegt. Im Vergleich zum Privatverkehr liegen Tram und Bus besonders gut. Das Verhältnis Strasse zu Schiene betrug 1970 in der Bundesrepublik bei den Verletzten 129:1, ohne eigenes Verschulden sogar 204:1.

Für die Stadt Zürich gibt es leider keine entsprechenden Untersuchungen. Fest steht, dass die grossen, spektakulären Unfälle immer seltener werden und dass die Verkehrsbetriebe Zürichs grossen Wert auf Unfallverhütung legen. Dies geschieht auf drei Ebenen: mit gründlicher, permanenter Schulung des Fahrpersonals, durch aufmerksame Wartung des Rollmaterials und mit Sicherheitseinrichtungen an den Fahrzeugen. Entscheidend ist aber auch das richtige Verhalten der Fahrgäste und der übrigen Verkehrsteilnehmer.

Wagenführer und Chauffeure stehen übrigens nicht nur unter weit grösserem Verantwortungsdruck als private Fahrzeuglenker. Im Falle eines Unfallverschuldens haben sie neben dem gesetzlichen Strafverfahren unter Umständen auch noch mit internen Disziplinarmassnahmen zu rechnen. Das Verbot, mit dem Wagenführer oder Chauffeur während der Fahrt zu sprechen, kommt also nicht von ungefähr!

Die StStZ im 2.Weltkrieg

Autobus mit Holzgasanhänger (1941)

Die Aktivdienstzeit 1939/45 war auch für die StStZ eine grosse Belastungsprobe, wobei die auftretenden Probleme bei Tram und Bus recht verschieden lagen.

Verdunkelung

Am 7.11.1941 führte die Schweiz die allgemeine Verdunkelung ein. Auch die StStZ-Fahrzeuge durften nur noch mit gedämpftem blauem Licht fahren, was zu einer Geschwindigkeitsreduktion von 30% und zum 16-Minuten-Takt führte. Viele StStZ-Mitarbeiter, vor allem auch jene, die im Gleisbau arbeiteten, taten sich begreiflicherweise schwer mit der Verdunkelung, die erst am 13.9.1944 zu Ende ging.

Tram mit abgedecktem Frontlicht

Schwieriger Unterhalt

Viele Werkstattmitarbeiter mussten Militärdienst leisten. Sämtliche Unterhalts- und Revisionsarbeiten mussten deshalb auf das Notwendigste eingeschränkt werden.

Materialknappheit

Eisen und Zement waren nicht mehr frei erhältlich, sondern wurden von den Behörden zugeteilt. Viele Linien- und Hochbauvorhaben konnten deshalb nicht ausgeführt werden.

Treibstoffmangel

Elektrizität gab es damals genug; Benzin dagegen wurde nach Kriegsausbruch rasch knapp und teuer. Der 1939 erst 12 Jahre alte Autobusbetrieb kam denn auch sehr schnell fast weitgehend zum Erliegen. Zum grössten Teil wurde nur noch in Spitzenzeiten gefahren.

1941 wurden 10 Autobusse auf Holzvergasung umgestellt.

Auf der «Bergstrecke» Klusplatz–Witikon führte das aber zu grossen Schwierig-keiten, weshalb man hier zum Methangasbetrieb überging.

Dazu kamen noch vier Dieselbusse. Die übrigen 30 Fahrzeuge standen praktisch immer in der Garage oder waren militärisch belegt.

Trolleybus als Ausweg

Bereits am 27. Mai 1939 war die Autobuslinie B (Bezirksgebäude–Langstrasse–Kornhausbrücke–Kornhausstrasse–Rötelstrasse–Bucheggplatz) auf Trolleybusbetrieb umgestellt worden, eine Massnahme, über die man nach Kriegsausbruch heilfroh war. So versuchte man, diese willkommene Alternative weiter auszubauen, und setzte das neue Verkehrsmittel ab 19. Juni 1942 auch auf dem Teilstück Albisriederplatz–Spyriplatz ein.

Pneumangel

Mit der Zeit wurden auch Pneus immer knapper und teurer. Dieser Mangel schlug nun nicht mehr nur auf den Autobusbetrieb durch, sondern verhinderte auch den weiteren Ausbau der Trolleybuslinien. Im Verlauf der Kriegsjahre wurde die Lage immer prekärer. Schliesslich reichte es nicht einmal mehr zur Bereifung der Methangas-Einradanhänger. Die Gasflaschen mussten in die Fahrzeuge eingebaut werden. Im Jahre 1945 mussten vier Trolleybusse gar auf Vollgummibereifung umgestellt werden!

Frauen als Personalreserve

Bei beiden Mobilmachungen mussten zahlreiche Kondukteure einrükken, was zu schwierigen Engpässen führte. Ab 20. September 1943 wurden deshalb 144 Frauen (vorwiegend Gattinnen von Strassenbahnern) zu Kondukteusen ausgebildet. Sie standen für den Fall einer Mobilmachung bereit und leisteten jeden Monat zwei Tage Dienst, um das Gelernte nicht zu vergessen.

Ausgeträumte U- und Tiefbahnträume

Es hat in Zürich nicht an Versuchen gefehlt, den öffentlichen Verkehr grundsätzlich neu zu gestalten und in einem grossen Schritt wesentlich leistungsfähiger und bequemer zu machen.

1962 Tiefbahn

Die beiden 1953 und 1954 entstandenen Generalverkehrspläne für die Stadt Zürich empfahlen die teilweise unterirdische Führung der Strassenbahn. 1956 beauftragte der Gemeinderat den Stadtrat mit der Ausarbeitung eines Projekts, das dann sechs Jahre später vorlag.

Es sah den Bau einer Tiefbahn mit 21,15 km unterirdischer Führung vor. In der Innenstadt wären nur noch 18% des öffentlichen Verkehrs an der Oberfläche verblieben. Die Projektverfasser machten auch klar, dass sie die Tiefbahn als Kern eines umfassenden, U-Bahn-ähnlich zu betreibenden Netzes betrachteten, und errechneten eine Bauzeit von 18 Jahren und Aufwendungen von 543,7 Mio Franken.

Über diese Vorlage hatten die Zürcher am 1. April 1962 abzustimmen. Obwohl sie das gesamte Projekt und die gesamte Kreditsumme umfasste, sollten zunächst in etwas über vierjähriger Bauzeit nur die zusammen 4 km langen Teilstücke Kalkbreite, Birmensdorferstrasse-Stauffacher-Sihlporte-Löwenplatz-Bahnhofplatz/Bahnhofquai, Sihlporte-Talacker und Löwenstrasse-Seidengasse verwirklicht werden. Die folgenden Baustufen sollten im Rahmen des Restkredites und unter Vorbehalt des fakultativen Referendums jeweils vom Gemeinderat beschlossen werden.

Der Abstimmungskampf war besonders in den letzten drei Wochen äusserst heftig. Sämtliche Parteien, beide Automobilverbände sowie der Ingenieur- und Architektenverein unterstützten die Vorlage. Die Gegner kamen aus den verschiedensten Lagern und argumentierten auch sehr unterschiedlich. Einerseits wurde dem Projekt mangelnde Grosszügigkeit vorgeworfen, da es der regionalen Entwicklung zu wenig Rechnung trage.

Nur eine U-Bahn bringe die erforderliche Leistung und den gewünschten Fahrkomfort. Andrerseits wurden grössere Bauten überhaupt für überflüssig und polizeiliche sowie lokale bauliche Massnahmen für ausreichend betrachtet. Dazu kamen finanzielle Bedenken und Angst vor Umtrieben und Baulärm.

Die Zürcher lehnten die Vorlage schliesslich mit 53 900 Nein gegen 34 300 Ja klar ab.

Schnittmodell Tiefbahnhaltestelle Bahnhofplatz

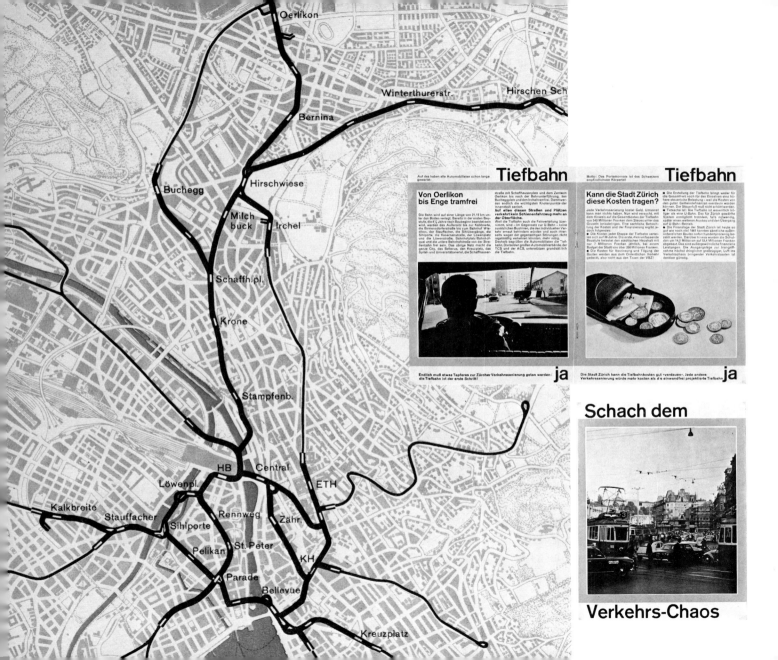

Oerlikon

Winterthurerstr.

Hirschen Sch

Bernina

Buchegg

Hirschwiese

Milch
buck   Irchel

Schaffh. pl.

Krone

Stampfenb.

HB   Central

Löwenpl.   ETH

Kalkbreite
Stauffacher   Rennweg   Zähr.
Sihlporte
Pelikan   St. Peter
Parade   KH
Bellevue

Kreuzplatz

Tiefbahn

Auf das haben alle Automobilisten schon lange gewartet!

Von Oerlikon bis Enge tramfrei

Endlich muß etwas Tapferes zur Zürcher Verkehrssanierung getan werden: die Tiefbahn ist der erste Schritt!   **ja**

Tiefbahn

Motto: Das Portemonnaie ist des Schweizers empfindlichster Körperteil

Kann die Stadt Zürich diese Kosten tragen?

Die Stadt Zürich kann die Tiefbahnkosten gut «verdauen». Jede andere Verkehrssanierung würde mehr kosten als die einwandfrei projektierte Tiefbahn   **ja**

Schach dem

Verkehrs-Chaos

1973 U- und S-Bahn

1963 beschloss der Zürcher Kantonsrat die Erstellung regionaler Gesamtverkehrspläne, wobei dem Transportplan für die Region Zürich besondere Bedeutung zukam. Deshalb bildeten SBB, Kanton und Stadt einen Koordinationsausschuss und stellten je 150 000 Franken für die Planungsarbeiten zur Verfügung.

Im Herbst 1965 lag der Schlussbericht vor. Er führte unter anderem aus: «Für die engere Region sind die Engpässe Zürich–Glattal und Zentrum Zürich–Limmattal zu überwinden. Wegen der dafür benötigten Leistung sind Schienenverkehrsmittel auf vollständig unabhängigen, nicht gestörten Trassees unerlässlich. Nur oberirdisch lässt sich ein unabhängiges Trassee mit vertretbaren Kosten nicht mehr realisieren. Als Endpunkte dieses Schienenverkehrsmittels werden Kloten und Dietikon vorgeschlagen. Für die Linie ist eine U-Bahn vorzusehen.»

Die Verbesserung ausserhalb der engeren Region sollte durch Umstellung des SBB-Vorortsverkehrs auf S-Bahn-Betrieb mit starrem Fahrplan erfolgen, was einen Teilausbau der SBB-Anlagen bedingte.

Acht Jahre später lag ein integriertes Projekt vor. Es umfasste:

1. U-Bahn

Strecke: Kloten–Hauptbahnhof Zürich–Dietikon, mit Abzweigung nach Schwamendingen. Totale Länge: 27,52 km, 14,81 km unter-, 12,71 km oberirdisch; je 15 ober- und unterirdische Stationen; Reisegeschwindigkeit 35 km/h, dichteste Zugfolge 90 sec; Transportleistung 50 000 Personen/h in jede Richtung. Kosten: 1055 Mio Franken. Bauzeit: 13½ Jahre.

2. Verkehrsbetriebe der Region Zürich

Gedacht als neuer, regionaler Rechtsträger. Sollte die U-Bahn bauen, betreiben und die VBZ übernehmen. Beteiligt sollten zunächst der Kanton sowie die Gemeinden Zürich, Dietikon, Kloten, Opfikon und Schlieren sein. Eine spätere Beteiligung weiterer Gemeinden wurde ausdrücklich offengelassen.

3. SBB-Zürichberglinie

Strecke: Neue Station unter HB Zürich/Museumsstrasse–Zürichbergtunnel–Stettbach–Dübendorf. Sollte den S-Bahn-Betrieb Richtung Winterthur und Uster ermöglichen. Totalkosten 819 Mio Franken.

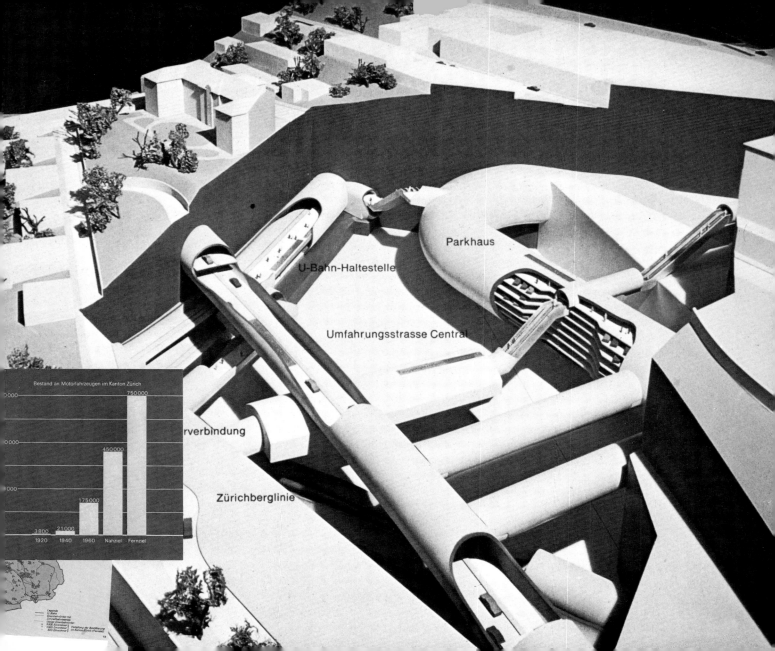

Parkhaus

U-Bahn-Haltestelle

Umfahrungsstrasse Central

...rverbindung

Zürichberglinie

Bestand an Motorfahrzeugen im Kanton Zürich

750000

450000

175000

3800 21000

1920 1940 1960 Nahziel Fernziel

An der U-Bahn sollte sich auch der Kanton beteiligen, und zwar fast zur Hälfte. Die Finanzierung der Zürichberglinie sollte durch den Bund, die SBB, den Kanton und die Stadt Zürich erfolgen. Deshalb erforderte die Vorlage einen kantonalen Urnengang und kommunale Abstimmungen in den beteiligten fünf Städten.

Beide Vorlagen waren innerlich eng verknüpft: Der Kantonsbeitrag an die U-Bahn hing von einem positiven Ausgang der Gemeindeabstimmungen ab. Der Bundesbeitrag an die Zürichberglinie setzte die Beteiligung des Kantons voraus.

Der Abstimmungskampf war lang und wurde sehr leidenschaftlich geführt. Im Gegensatz zum Tiefbahnprojekt unterstützte die Sozialdemokratische Partei die U-Bahn-Vorlage nicht mehr.

Neben verkehrstechnischen und finanziellen Bedenken wurden vor allem folgende Befürchtungen laut: Wohnungsverdrängung durch höhere Bodenpreise im Einzugsbereich der U-Bahnhaltestellen, Verödung der Zürcher Innenstadt durch starke Arbeitsplatzkonzentration, Verkehrsvermehrung durch Anlockung weiterer Pendler, ungerechtfertigte und hohe Gewinne der Grundeigentümer und Betriebsinhaber im Einzugsgebiet der Stationen.

Am 20. Mai 1973 wurde die stadt-zürcherische Vorlage mit 123 210 Nein gegen 50 114 Ja abgelehnt. Von den übrigen 4 U-Bahn-Gemeinden stimmten Kloten und Opfikon dafür, Dietikon und Schlieren dagegen.

Ohne Abgase und Lärm

U- und S-Bahnen sind die umweltfreundlichsten Transportmittel, die es gibt. Sie produzieren weder Rauch noch Gestank. Und fahren erstaunlich ruhig. Selbst bei voller Geschwindigkeit.

Zusammen mit dem hohen Sicherheitsgrad fallen weitere Vorteile ins Gewicht. Gerade heute, wo fast jedermann unter der Verkehrsflut leidet. Unter Abgasen und Lärm. U- und S-Bahnen bringen endlich den wirksamen Umweltschutz.

Auch das Landschaftsbild wird geschont – weder verschandelt noch zusätzlich zerschnitten. Die vielgeschmähten Betonwände gibt es nur noch entlang bestehender Geleise. Denn sowohl U- als auch S-Bahn fahren entweder unterirdisch oder darum wo keiner mehr fährt.

Umwelt- und Landschaftsschutz sind darum weitere erfreuliche Aspekte des kommenden Regionalverkehrs.

U- und S-Bahn
bester Umwelt- und Landschaftsschutz

GZU, Gesellschaft zur Förderung einer Zürcher
Verein «Pro Zürichberg»

Die kantonale Vorlage wurde mit 234 230 Nein gegen 177 362 Ja verworfen.

U- und S-Bahn: speziell für den Berufsverkehr

Die Berufstätigen können sich auf die U- und S-Bahn am allermeisten freuen. Denn gerade in den Stosszeiten bei Arbeitsbeginn und nach Feierabend kommen deren Vorteile am besten zur Geltung: die ungehindert rasche und bequeme Fahrt auf eigener Trasse.

Jeder Arbeitnehmer weiss aus täglicher Erfahrung, wieviel Nervenkraft und Zeitverlust der heutige Kampf durch das Verkehrsgewühl kostet. Sei es zu Fuss, mit Bus, Tram oder Auto. Man verliert dabei nicht nur einen Teil seiner Freizeit, sondern kommt auch entsprechend müde und abgespannt zuhause an.

U- und S-Bahn werden dies ändern. Gründlich. Sie bringen das Ende des Nervengewühls. Und einen früheren Feierabend, weil man mit ihnen rascher und bequemer nach Hause kommt.

U- und S-Bahn
verkürzen die Arbeits- und Reisezeit

Verein «Pro Zürichbergslinie» – GZU, Gesellschaft zur Förderung einer Zürcher U-Bahn

Die U-Bahn macht Schluss mit den Nachteilen von Tram und Bus!

● **die U-Bahn bringt Sie 3mal rascher ans Ziel**

● **auf die U-Bahn muss man nicht mehr warten,** weil sie viel häufiger fährt und sicher kommt

● **die U-Bahn bietet Sitzplätze für alle**

● **der ebene Einstieg beendet das mühselige Trittbrettsteigen**

● **unterirdische Stationen sind auch für Betagte und Behinderte mühelos zu erreichen:** über genügend Rolltreppen und Lifts und ohne dass man zuerst gefährliche Strassen überqueren muss. Zugänge von allen Trottoirs aus!

● **alle Stationen sind wettergeschützt**

● **die U-Bahn verursacht weder Abgase noch Lärm** und verschandelt auch das Stadtbild nicht

● **nur die U-Bahn bringt die ersehnten Fussgängerzonen,** in denen man auch vom Tram nicht gefährdet wird

Das sind überzeugende Gründe für die U-Bahn.

VBZ-Benützer, Betagte und Behinderte stimmen darum in ihrem eigenen Interesse

U-Bahn Ja

PS. Die Schwamendinger U-Bahn ist bereits im Bau. Erinnern Sie sich noch, dass Sie dazu vor 2 Jahren ja gesagt haben?

Komitee Regionalverkehr Zürich

Was bringt die U-Bahn uns, den Einwohnern von Zürich?

● Steigende Bodenpreise ● Höhere Mieten ● Abbruch von Wohnungen ● Büros statt Wohnungen ● Verdrängung der Stadtbewohner ● Längere Arbeitswege ● Grössere Haltestellenabstände ● Höhere Fahrkosten ● Dauerbaustellen in vielen Stadtteilen ● Förderung des privaten Verkehrs ● Lärm und Gestank ● Höhere Steuern ● Weniger Geld für Spitäler, Schulen etc.

Die U-Bahn bringt uns Nachteile

Deshalb: **U-BAHN NEIN**

Wir fordern Sofortmassnahmen zur Verbesserung des öffentlichen Verkehrs im Interesse einer wohnlichen Stadt.

SP

nein

Sozialdemokratische Partei der Stadt Zürich

U=nein
Nr. 3

Seit Jahren leben wir in einer Zeit der Hochkonjunktur. Das Baugewerbe ist völlig überlastet. Die Stadt Zürich hat Projekte teilweise schon seit mehr als einem Jahr schubladisiert. Sollten wir nicht zuerst das bauen, wofür wir Zeit, Geld und Arbeitskräfte haben, und können wir uns nicht endlich an unseren, dass unsere Inflation (Geld) gestoppt werden kann? 1,7 Milliarden Franken sind heute für U- und S-Bahn budgetiert (im Verlaufe der Bauzeit werden daraus 5 Milliarden werden). Stopp der Teuerung!

Auch Dein «nein» zählt, es hat genug «Ja-Sager»

Abschied von hochfliegenden Plänen

Im Juni 1973 schrieb der damalige VBZ-Direktor Dr. Werner Latscha in der VBZ-Betriebszeitung «Kontakt»: «Für die VBZ wird für die nächste Zukunft die Hauptaufgabe darin liegen, aus dem vorhandenen Netz durch organisatorische und bauliche Massnahmen ein Optimum herauszuholen – wie das übrigens, gemäss Abstimmungsweisung, auch im Fall des Baues der U-Bahn nötig gewesen wäre. Noch realisierbare Verlängerungen des Tramnetzes, das bekanntlich der Siedlungsentwicklung der letzten 40 Jahre nicht mehr zu folgen vermochte, sind voranzutreiben. Die Möglichkeiten dazu sind allerdings sehr beschränkt. Fertig ausgearbeitet ist das Projekt für die Verlängerung der Linie 4 vom Hardturm nach der Bändlistrasse. Vordringlich zu prüfen ist die Frage einer Verlängerung der Strassenbahn nach Schwamendingen unter Ausnutzung des hier im Bau befindlichen Tunnelabschnittes.

Die hochfliegenden Pläne, die dem öffentlichen Verkehr zu einem 'Sprung nach vorn' hätten verhelfen sollen, sind gescheitert. Das darf uns nicht davon abhalten, in dem nun gezogenen Rahmen das Beste herauszuholen. In diesem Sinne wird unsere Arbeit weitergehen – bald werden wohl auch die Grenzen des so Erreichbaren sichtbar werden.»

Inzwischen ist eine der oben angesprochenen Verlängerungen realisiert, die andere steht zurzeit noch im Bau:

Am 18. Dezember 1976 nahmen die VBZ die verlängerte Linie 4 ab Sportplatz Hardturm bis Werdhölzli in Betrieb.

Diese erste Tramnetzerweiterung nach 22 Jahren ist 2,1 km lang und führt über ein lärmschluckendes, vollständig vom Privatverkehr abgetrenntes Trassee, das auch die ästhetischen Ansprüche einer Wohngegend erfüllt.

Als Zürcher «Tramprojekt des Jahrhunderts» ist die Abzweigung Schwamendingen bezeichnet worden, die direkt auf das U-Bahn-Projekt zurückgeht. Im Jahre 1971 war nämlich von den Zürcher Stimmbürgern beschlossen worden, im Hinblick auf die projektierte U-Bahn vorsorglich den grössten Teil der für den Ast nach Schwamendingen notwendigen Tunnelanlagen unter der damals im Bau befindlichen Expressstrasse N 1.4.4 zwischen Milchbuck und Schwamendingen zu erstellen.

Das Projekt sah ausdrücklich vor, die Anlage im Falle einer Ablehnung der U-Bahn für eine Tramlinie zu benützen. Als die U-Bahn dann tatsächlich abgelehnt worden war, erfolgte noch im Jahre 1973 die Umprojektierung dieses Abschnitts und ab 1974 die Projektierung einer Tramverlängerung nach Schwamendingen.

Am 23.9.1978 wurde das Projekt durch die Stimmbürger klar gutgeheissen. Eine Volksinitiative gegen das Projekt wurde am 8.6.1980 ebenso klar abgelehnt. Die Bauarbeiten begannen am 21.8.1980 und werden 1985/86 abgeschlossen sein.

Die neue Strecke wird 6,8 km lang sein und auf 2,2 km unterirdisch verlaufen. Sie führt vom Irchel über den Milchbuck bis zum Hirschen und teilt sich dort in zwei Äste nach Hirzenbach und Stettbach. Sie wird von drei Linien befahren werden, nämlich:
Linie 7 ab Milchbuck-Hirschen-Stettbach
Linie 9 ab Irchel-Milchbuck-Hirschen-Hirzenbach
Linie 10 ab Irchel-Milchbuck-(Oerlikon-Seebach)

Grüntrassee der ab Sportplatz Hardturm bis Werdhölzli verlängerten Linie 4.

Das Tram ohne Schienen

1926 beschloss der Zürcher Gemeinderat den Aufbau eines Autobusbetriebes. Damals umfasste das Netz der städtischen Strassenbahn 13 Tramlinien und war, wie heute noch, aus Durchmesser- oder Radiallinien zusammengesetzt. Aufgabe der nun aufzubauenden Buslinien war die tangentiale Verbindung zwischen den einzelnen Quartieren.

Am 8. August 1927 wurde der «Kraftwagenbetrieb der Städtischen Strassenbahn Zürich» mit 5 Autobussen auf der Linie Utobrücke-Schmiede Wiedikon-Krematorium-Hardplatz-Escher Wyss-Platz-Nordbrücke-Schaffhauserstrasse-Rigiviertel eröffnet und später bis Morgental und Spyriplatz verlängert (Linie A).

Bis 1931 kamen drei weitere Linien hinzu.

Linie B:
Bezirksgebäude, Langstrasse-Kornhausbrücke-Kornhausstrasse-Rötelstrasse-Bucheggplatz.

Linie C:
Klusplatz-Waserstrasse-Witikon.

Linie D:
Sternen Oerlikon-Hirschen Schwamendingen.

1931 war auch der Start des Überland-Autobusbetriebes mit den Strecken Dietikon-Schlieren-Engstringen-Weiningen / Höngg-Unterengstringen / Seebach-Glattbrugg / Affoltern-Regensdorf.

Schon der Beschluss des Zürcher Gemeinderates vom 12. September 1926 hielt fest, «. . . dass die Strassenbahn allfällige Jahresverluste des Autobusunternehmens zu übernehmen hat». In der Tat musste die Autobusrechnung, vor allem jene der Überlandstrecken, von Anfang an durch Zuschüsse der Strassenbahn ausgeglichen werden.

Später Trolleybusstart
Relativ spät kam in Zürich auch der Trolleybus zum Zug. Ab 27. Mai 1939 verkehrte das neue Verkehrsmittel auf der Buslinie B (Bezirksgebäude-Bucheggplatz).

Rückschlag während des 2. Weltkriegs
Während der Kriegsjahre kam der Busbetrieb wegen Treibstoff- und Pneumangels fast zum Erliegen.

Autobus: Stetige Entwicklung
Ab 1946 entwickelte sich das Autobusnetz kontinuierlich weiter. Ende 1981 umfasste das Stadtnetz 18 Linien mit 90,1 km, das Vorortsnetz 19 Linien mit 177,3 km.

Linke Seite oben:
Autobus Nr. 17,
Baujahr 1930/31,
geliefert von FBW
und Schlieren.

Linke Seite unten:
Autobus Nr. 329,
Baujahr 1955,
geliefert von FBW und
Tüscher.

Rechte Seite oben links:
Hochlenkbus Nr. 219
(heute 239), Baujahr 1959,
geliefert von FBW und
Tüscher.

Rechte Seite oben rechts:
Autobus Nr. 162,
Baujahr 1973,
geliefert von Büssing.

Rechte Seite unten:
Autobus Nr. 267,
Baujahr 1977,
geliefert von Saurer und
Ramseier + Jenzer.

Trolleybus: Stagnation und Renaissance

Die Trolleybusgeschichte verlief weniger organisch. 1958 standen erst vier Linien in Betrieb. Über ein Jahrzehnt stagnierte dann der weitere Ausbau. Obwohl andere Schweizer Städte schon damals stark auf den Trolleybus setzten, folgte Zürich zuerst dem ausländischen Beispiel und liess den Trolleybus links liegen. Dafür gab es vor allem zwei Gründe. Einerseits ist der Trolleybus an eine bestimmte Fahrbahn gebunden und kann weniger freizügig eingesetzt werden als der Autobus. Andrerseits ist er der Strassenbahn mit ihren bis 330 Personen fassenden Zügen leistungsmässig weit unterlegen. Erst in den 70er Jahren führten Umweltschutzgründe zu einer Trolleybus-Renaissance. 1975 wurden mit modernen Gelenkbussen zwei weitere Linien eröffnet. Ende 1981 umfasste das Trolleybusnetz 5 Linien mit insgesamt 35,8 km.

Aufwertung

Heute sind Auto- und Trolleybus aus dem öffentlichen Verkehr Zürichs nicht mehr wegzudenken. Nur der Bus erlaubt jene feine und flexible Vermaschung, die für eine optimale Bedienung sämtlicher Einwohner notwendig ist.

Eine Aufwertung brachte die Reservierung eigener Fahrspuren. 1964 wurde die erste Busspur freigemacht. Heute können die Zürcher Auto- und Trolleybusse auf 15 km ungestört verkehren.

Linke Seite oben:
Trolleybus Nr. 53, Bau-
jahr 1939, geliefert
von FBW und Tüscher.

Linke Seite unten:
Trolleybus Nr. 59, Bau-
jahr 1942, geliefert
von FBW und Schlieren.

Rechte Seite oben links:
Trolleybus Nr. 89,
Baujahr 1949,
geliefert von FBW und
FFA Altenrhein.

Rechte Seite oben rechts:
Erster Gelenktrolleybus Nr. 101,
Baujahr 1957, geliefert
von FBW und Schlieren.

Rechte Seite unten:
Gelenktrolleybus Nr. 84,
Baujahr 1974, geliefert
von FBW, Sécheron/BBC,
Ramseier + Jenzer, Tüscher.

Mit dem Tram werben

Öffentliche Verkehrsmittel werden täglich von Hunderttausenden benützt und von noch mehr Menschen gesehen. Es liegt deshalb nahe, sie auch als Werbeträger zu benützen. Tatsächlich waren bereits mehrere private Strassenbahnen Zürichs mit Reklametafeln ausgestattet. Die Städtische Strassenbahn Zürich StStZ aber führte die Reklame erst 1937 ein, und zwar vorerst nur im Fahrzeuginnern. Versuche, in der Verkehrsmittelwerbung weiterzugehen, gab es schon damals.

Berühmt geworden ist das Zahnpasta-Tram, das heute freilich nur noch eine Kuriosität darstellt. Auch ist ein Versuch überliefert, mit einem total eingekleideten Tram für Gasherde und -badeöfen zu werben. Die Idee, öffentliche Verkehrsmittel zweckentfremdet als fahrende Plakatsäulen einzusetzen, kam aus naheliegenden Gründen nicht zum Tragen. Immerhin warben während des Zweiten Weltkrieges die Zürcher Tramwagen mit dem Slogan «Anbauen – Durchhalten» kräftig für die Anbauschlacht.

Der Durchbruch für die Zürcher Verkehrsmittelwerbung kam aber erst in den sechziger Jahren. Im Wahlkampf um das Zürcher Stadtpräsidium von 1966 machte ein Kandidat den Vorschlag, die öffentlichen Verkehrsmittel stärker für Werbezwecke zu benützen. Stadtpräsident wurde dann zwar ein anderer Kandidat; aber der Vorschlag seines unterlegenen Rivalen blieb nicht ungehört, denn wenig später führten die VBZ die Wagendachreklame ein.

Schlieren. 382.

Heute bieten die VBZ eine ganze Palette verschiedener Werbemöglichkeiten an, nämlich Wagendach-, Fenster-, Plakat-, Haltestellen- und Abonnementsreklame. Auch wirtschaftlich wird die Verkehrsmittelwerbung immer bedeutender. Im Einführungsjahr 1937 brachte sie hunderttausend Franken ein, 1980 aber 2,8 Millionen Franken.

Für das Tram werben

Während Jahrzehnten beschränkte sich die VBZ-Information auf Liniennetzpläne und vereinzelte Prospekte. Eine Verstärkung der Öffentlichkeitsarbeit brachte erst die Hochkonjunktur der sechziger und frühen siebziger Jahre: Einerseits zwang der ausgetrocknete Arbeitsmarkt zu intensiver Personalwerbung, anderseits machten die Umstellung auf kondukteurlosen Betrieb und andere Rationalisierungsmassnahmen eine gezielte Kundeninformation nötig.

Der immer härter werdende Wettbewerb mit dem Individualverkehr bewog schliesslich die Verantwortlichen, das Thema Werbung und Information neu zu überdenken.

1976 wurde deshalb eine breit angelegte Marktuntersuchung durchgeführt, die in rund tausend Interviews nach dem Fahrverhalten, der Beurteilung des VBZ-Leistungsangebotes und den Gründen der Nichtbenützung fragte. Gestützt

auf die Auswertung dieser Erhebung wurde 1977 ein Wettbewerb unter sechs Zürcher Werbeagenturen ausgeschrieben. Ziel: ein längerfristig anwendbares Konzept für Werbung, Öffentlichkeitsarbeit und Pflege der innerbetrieblichen Beziehungen.

Die VBZ-Direktion entschied sich schliesslich für das Konzept **VBZ Züri-Linie.**

Zentrales Anliegen dieses neuen Erscheinungsbildes ist die Vermittlung des Anliegens «weniger Amt – mehr kundenorientierte Leistung».

Das einprägsame Signal begleitet alle Dienstleistungen, fasst sämtliche Informationen einheitlich zusammen und ist vielseitig anwendbar. Der Begriff «Züri-Linie» ergänzt die Buchstabenkürzung und macht sie sympathischer und menschlicher.

Unter dem Markenzeichen «Züri-Linie» sind die VBZ seit 1978 in vier Stossrichtungen aktiv. Zunächst wird gezielt versucht, mit Inseraten und speziellen Aktionen (z. B. Modellbastelbogen für Jugendliche, Publikumswettbewerb an der Züspa '78) das Leistungsangebot der VBZ bekannter zu machen und einzelne Bevölkerungsgruppen anzuregen, sich aktiv mit dem öffentlichen Verkehr auseinanderzusetzen.

Besonderes Gewicht hat die eigentliche Absatzwerbung erhalten, die zusätzliche Benützungsanreize schaffen, die VBZ zur echten Alternative zum Individualverkehr aufwerten und mehr Preistransparenz herstellen will. Mittel dazu sind unter anderem leicht lesbare Liniennetzpläne, ein Abonnementwegweiser, ein praktisches Etui mit Mehrfachkarten und Liniennetzplänen, Inserate und eine Neuzuzüger-Aktion (Begrüssungsbrief mit Gratis-Mehrfachkarte).

Die VBZ bemühen sich aber auch, mit den Fahrgästen in engeren Kontakt zu treten, vor allem mit der Fahrgastzeitung «Fahr mit», mit Fahrzeugplakaten und mit einem Informationsstand an der Züspa.

Verstärkt worden ist schliesslich auch die Zusammenarbeit mit anderen Institutionen und Unternehmen. Zu erwähnen wären in diesem Bereich etwa die Aktionen «Einkaufsbummel statt Parkplatzrummel» (Detailhandelsfirmen verschenken VBZ-Billette an ihre Kunden), «Monatsmarken statt Dauerparken» (Arbeitgeber ermuntern ihr Personal zum Umsteigen auf Tram und Bus), der Zürcher Ferienpass und der legendäre «goldene Sechser».

Fotoporträt einer Tramlinie

Sicher sind die Zürcher Tramwagen schon unzählige Male fotografiert worden. Dagegen sind nur wenige Versuche bekannt, eine Tramlinie bildlich zu dokumentieren, obwohl die verschiedenen Linien für das Verkehrssystem Zürichs natürlich wichtiger sind als die einzelnen Fahrzeuge.

Der Fotograf und Kameramann Pio Corradi erhielt deshalb den Auftrag, die Tramlinie 14, die bedeutendste Radiallinie, zu porträtieren.

Das Tram und die Kunst

Mehrmals haben die blau-weissen VBZ-Fahrzeuge auch bedeutende Künstler angeregt. Der besondere Reiz unserer kleinen Galerie liegt sicher in der Konfrontation verschiedenster Stilrichtungen innerhalb des gleichen Themas.

Varlin:
Städtische Strassenbahn.
Öl auf der Rücklehne einer
Holzstabelle.
Privatbesitz

Otto Meyer-Amden:
Liebespaar bei Vollmond,
der Strasse nachblickend.
Um 1930.
Öl und Tusche.
Aus: Carlo Huber:
Otto Meyer-Amden,
Büchler Verlag, Wabern

1. Mai
1959
Mittag
Regen

Augusto Giacometti:
Blaue Tramwagen.
1916. Öl auf Leinwand.
Privatbesitz

Karl Kübler:
1. Mai 1959 Milder Regen.
Bleistift.
Aus: Zürich erlebt gezeichnet
erläutert,
Artemis Verlag, Zürich

Die literarische Züri-Linie

In zahlreichen literarischen Werken ist ausführlich von öffentlichen Verkehrsmitteln die Rede. Auch die VBZ sind mehrmals in breiterem Ausmass in die Literatur eingegangen.

Unsere Romanausschnitte stammen alle von Zürcher Schriftstellern. Während Adolf Muschg und Hugo Loetscher eher persönliche Tramerinnerungen verarbeitet haben dürften, geht Kurt Guggenheim auf einen Vorfall während des Zürcher Gipserstreiks von 1928 ein.

Adolf Muschg: «Gegenzauber»

Gewiss, ich fuhr immer wieder, fünf- oder sechsmal im Jahr, die Umsteigestrecke ins Unterland, zum ersten Mal aufatmend, wenn wieder Weingärten die Berghalden musterten, den Atem anhaltend, wenn ich in das erste, manchmal auch erst in das zweite blaue Zürcher Tram stieg. Denn es war mir lieb, wenn niemand mich abholte, ich stand gern eine Weile in dem neuen und altvertrauten Wirbel, sah das Tram kommen, das ich mein Tram nannte, auch wenn es nicht meine Strecke fuhr, sah es kommen bald mit schneeblinder Nummer, einen blauen Funkenschweif vom Draht auf sein verschneites Dach streuend; bald kam es auch aus dem apfelgrünen Frühlingsabend oder nüchternen Sommer, einen Hauch mit sich führend, den ich als zürcherisch empfand, seine Türen mit komprimierter Zürcher Luft öffnend; da geschah es leicht, dass ich die Türen wieder sich schliessen liess, obwohl es diesmal durchaus mein Tram gewesen wäre. Erst der Gedanke, dass Pa, keinen Parkplatz findend, aus irgendeinem Grund dennoch entschlossen, mich abzuholen, in seinem Sunbeam um den Hauptbahnhof kreiste, abwechselnd nach Polizisten ausspähend und nach mir, trieb mich ins nächste Tram. Dann fuhr ich den Limmatquai aus, tastete mich in meinem grossen blau-weissen Behälter ans Bellevue heran, stellte mit einem Blick fest, dass noch alles, diese oder jene Baugrube abgerechnet, in Ordnung sei, das «Odeon» noch an seinem Platz stand, vom «Terrasse» Musik zirpte, das Cinéma Bellevue einen anständigen Streifen anbot, Memphis Cigarettes Memphis wie Rubin und Smaragd von der Stirn des babylonischen Palastes zündeten, ruhig wie Sterne bei leichtem Nebel. Ich sah den Mond, alle Bogenlampen hinter sich lassend, über die Zinnen fliegen, die sich senkten, während er stieg, immer bescheidener wurden, je mehr sich das Tram über Kreuzstrasse, Feldegg, Höschgasse der Endstation Tiefenbrunnen näherte; wenn es zu seiner letzten Schleife ansetzte, hatte es einen Augenblick See vor sich, den ich grau sich drehen liess, uferloser empfand, als er war, denn die Lichtpunkte drüben zitterten in Milchstrassenweite fort; erst die Alpen erhoben sich, wenigstens bei Föhn, wieder kräftig schwarzblau in die helle Nacht, täuschten geisterhafte Nähe vor und gaben dem Auge Halt. Bis der Bus kam, tat ich gewöhnlich noch ein paar Schritte über die Strasse zum Landungssteg, der im Schatten der Natriumdampflichter lag. Ich hielt mich an einem der Windlichter und hörte das geringfügige Seufzen des Wassers unter dem Holzrost, hob keine Auge, brauchte nicht festzuhalten, was so undeutlich war: rötliche Reflexe, vermutete Wellen; schwang mich leicht am Ländepfahl hin und her, bis mich der ruhige Motor des Busses weckte. Ich ging über die Rennbahn zurück, liess mir, wenn es Herbst war oder vor Weihnachten, einen Hauch gebratener Kastanien zutragen; dann kramte ich auf dem Trittbrett mein Geld aus – alle Bewegungen bekamen jetzt etwas besonders Langsames. Die Fenster spiegelten stark, während ich wusste, der Drehzahl der Reifen abhörte, dass der Bus die Seestrasse hinter sich legte, das Bahnniveau überfuhr und stärkere Töne finden musste, um die halbe Höhe Überseens zu schaffen. Giebel und Bäume stellten sich augenblicksweise zu vertrauten Silhouetten zusammen; schliesslich keimte grünlich der Betonpilz aus der Ferne, setzte sich gegen das Gespiegel durch, überwuchs alle Fenster, und wir hielten an seinem Fuss. Hier stieg ich aus; hier war vor Wochen, Monaten, vor unbestimmter Zeit der Physikalische Wagen weitergefahren, dicht hinter ihm der Giraffenwagen. Ich ging ihren Weg, nur langsamer, dafür loschen bei mir die Lichter nicht aus. Gerade in meiner Sichtlinie, zweihundert Meter weiter, einige Meter höher, waren die Fenster des Bungalows hell; jemand war dort zu Hause. Aber die Lichter, die mich etwas angingen, zeigten sich erst, als ich, mit beschleunigtem Schritt, den Wegweiserplatz fast erreicht hatte.

Adolf Muschg, «Gegenzauber»,
Huber, Frauenfeld 1976, S. 326 f.

Hugo Loetscher: «Der Immune»

Als er am Nachmittag ins Schulzimmer kam, hänselten ihn einige, ob er was Ansteckendes habe, und streckten ihre Handflächen gegen ihn, als müssten sie sich schützen. Der Immune sagte, er habe ein Zitterlein in der Hand und das schlage unverhofft los. Da trat der Französischlehrer auf die Gruppe zu und sagte: «Seid nett. Nehmt Rücksicht.»

Um vier Uhr schlich er sich zum Schularzt. Dazu musste er über die Strasse ins gegenüberliegende Schulhaus. Dort hielt er sich vor dem Biologiezimmer auf und betrachtete die ausgestopften Bussarde, dann machte er ein paar Schritte, sah im Kasten einen Brocken Gneis vom Gotthardmassiv. Kasten um Kasten näherte er sich dem Zimmer des Schularztes, wo er anklopfen musste.

«Fällt dir nichts auf?» fragte ihn der Schularzt. Die Schwester hatte eben eine Teetasse weggestellt. Der Arzt schlüpfte aus seinem weissen Kittel. Er schob den Schüler zum Stuhl: «Setz dich. Setz dich richtig hin. Der Stuhl gehört dir ganz.» Und dann wiederholte er die Frage: «Fällt dir nichts auf?»

Der Immune legte die Hand an die Schlaufe des Gürtels, weil er meinte, er müsse sich ausziehen; statt dessen zeigte ihm der Schularzt einen Tisch voll mit Schulheften und Einzelblättern: Das Blau, das stammte von ihm, und die roten Striche am Rand, die roten Unterstreichungen und die roten Kreise, die um einzelne Wortenden gezogen worden waren, die stammten von fremder, nämlich von Lehrerhand. Da lagen die Schulhefte mit jenen Arbeiten, die sie Exercitia nannten und die der Immune während der Schulstunden schrieb, und daneben lagen die Blätter mit dem, was er als Hausaufgaben erledigt hatte.

Der Immune schwitzte, als hätte er eine schriftliche Prüfung in Physik vor sich. Doch dann half ihm der Schularzt: «Deine beiden Schriften. Fällt dir da nichts auf? Das sind doch zwei völlig verschiedene Schriften. Die, die du zuhause schreibst, und die in der Schule.»

«Ach», sagte der Immune, «das könnte ich erklären…»

«Ist schon recht», unterbrach ihn der Schularzt, «aber vorher wollen wir uns noch über gewisse Dinge unterhalten.»

Der Schüler hätte die schizophrene Tatsache mit den zwei so divergierenden Schriften erklären können, denn das hing mit der Art zusammen, wie er sich seiner Hausaufgaben entledigte, eben nicht zu Hause.

Zum Verständnis müssen wir ausholen und erklären, dass der Immune beziehungsweise seine Eltern in einem Viertel wohnten, das in einer völlig anderen Region der Stadt lag als die Schule. Der Schüler war gezwungen, die Strassenbahn zu benutzen, was immer noch einen Schulweg von fast drei Viertelstunden ausmachte.

Man muss sich eine Strassenbahn vorstellen, wie man sie heute höchstens noch in einem Depot auf einem Abstellgleis trifft. Da gab es den Motorenwagen, in der Mitte das Sitzabteil, wo schienen-parallel die Bänke angeordnet waren; vorn und hinten, durch eine Schiebetür getrennt, je eine Plattform für die Stehpassagiere und in jeder Plattform ein Motorenblock.

Gewöhnlich pflegte sich der Immune auf die hintere Plattform zu zwängen und drückte sich dort durch die anderen vor bis zum Motorenblock. Er puffte sich einen Arbeitsplatz frei, legte eine Unterlage auf den Motorentisch, einen Zettel darauf und begann, sich seiner Hausaufgaben zu entledigen.

Natürlich, Aufsätze konnte er auf diese Weise nicht schreiben. Aber zum Beispiel für schriftliche Übersetzungen, sei es der Krieg der Gallier oder die Fabeltiere von La Fontaine, eignete sich der Arbeitsplatz auch in zeitlicher Hinsicht vorzüglich.

Wenn nun die Strassenbahn, sagen wir, um bei der Zürcher Geographie zu bleiben, an der Schmiede zu rasch in die Kurven ging, schwang das Ende des «n» so aus, dass der Immune zu einer eindeutig gestörten Impulsivität kam.

Wenn die gleiche Strassenbahn bei der Sihlbrücke mit einem Ruck anhielt, konnte das Schriftbild des Immunen zu einem Aufstrich kommen, der ein übersteigertes Triebleben verriet.

Und wenn, um noch ein Beispiel zu geben, am Paradeplatz seine Strassenbahn mit einem Gegentram um den Vortritt kämpfte, knirschte der Sand in den Rändern; das «t» des Immunen kam zu einem dicken Querstrich, einem jener typischen Protektionsstriche, einer Deck- und Schirmform, die für eine alarmierende Ungeborgenheit stand.

Wie wir uns erinnern, wollte der Schüler einen Moment lang das Geheimnis lüften. Aber dann hätte er zugeben müssen, dass er seine Hausaufgaben nicht zu Hause macht, sondern in der Strassenbahn erledigt. Es schien ihm nachträglich weniger schlimm, eine Seele zu haben, die Schatten warf, als ein Schüler zu sein, der seine Aufgaben nicht korrekt erfüllt. Da nun ein solches Geständnis nicht abgelegt wurde, blieb dem Immunen nichts anderes übrig, als in den Heilungsprozess einzuwilligen; es spricht für seinen guten Willen, dass er sich schon am ersten Abend daranmachte.

Diesmal schrieb er seine Hausaufgaben zu Hause. Er legte das Lineal bereit für die Unterstreichungen und ein Fliessblatt unter die Schreibhand. Er gab acht auf den Rand und setzte Wort um Wort. Als er fertig war, lagen vor ihm die saubersten Blätter, die er je geschrieben hatte. Aber dem Immunen ging gleich auf, dass dies ein Fehler war. Wenn er am andern Tag derart saubere Blätter abgab, musste das verdächtig wirken; eine Heilung über Nacht musste den Schularzt enttäuschen, zumal eine solche Radikalkur unwahrscheinlich war. Also setzte sich der Immune noch einmal hin und begann die säuberliche Vorlage weniger säuberlich abzuschreiben, er benutzte nicht das Fliessblatt, so dass er eine Linie mit dem Ärmel verschmierte, was er mit Befriedigung zur Kenntnis nahm.

Zudem konnte der Schüler nicht von einem Tag auf den andern sein Freizeitprogramm umstellen. Schon ein paar Tage später hatte er überhaupt keine freie Minute am Abend; als er nach Hause schlich, belog er die Mutter, er habe keine Hausaufgaben. Am andern Morgen war er völlig zerknirscht, es dauerte einige Tramstationen, bis er überhaupt zum Motorblock vordrang; dann stellte er fest, dass er ein Buch vergessen hatte; an der Station, bevor er aussteigen musste, merkte er, dass er eine Übung übersetzt hatte, die sie schon längst durchgenommen hatten. Was er dem Lehrer abgab, war eine einzige Sudelei.

Der Französischlehrer nahm das Blatt ohne irgendwelche Bemerkungen entgegen, äusserst interessiert sogar. In der Pause trug er es ins Nebengebäude zum Schularzt. Er fragte ihn auch, ob er nicht einmal ein paar Briefe von seiner Frau vorzeigen dürfe, er habe welche, aus der Verlobungszeit, aber der eigentliche Grund sei der da, er hielt das Blatt des Immunen hin.

Der Schularzt sagte lange nichts, dann drehte er das Blatt und murmelte: «Gute vitale und begabungsmässige Anlagen, aber wie stark diese sekundären Einengungen sind.» Er prüfte mit der Lupe auf der Rückseite die Druckspuren: «Eine erstaunliche Vitalität.»

Der Leser kann sich denken, wie der Immune zu solchen Druckspuren kam. Es war ein regnerischer Tag gewesen; in der Strassenbahn hatten sich mehr Leute als sonst gedrängt, darunter einer, der stets mit missmutigem Blick dem Treiben dieses Bengels zugeschaut hatte. Dieser dickliche Kerl war es auch gewesen, der den Schüler, der konzentriert an seiner Hausaufgabe war, ein paarmal puffte. Der Immune war zu seinem Vitalitätsdruck gekommen, weil ihm ein anderer in den Rücken gestossen hatte.

Hugo Loetscher, «Der Immune»,
Luchterhand, Neuwied 1975. S. 252 ff.

Kurt Guggenheim: «Alles in allem»

Der in Egg an der Forch wohnhafte neunundvierzigjährige Glaser Dorsch, deutscher Nationalität, verheiratet und Vater eines Kindes, war in der Fensterfabrik Fluhrer an der Forchstrasse, unterhalb des Tramdepots Burgwies, angestellt und begab sich täglich mit dem Fahrrad an seine Arbeitsstelle. Nicht Mitglied der Gewerkschaft, auf seinen Verdienst angewiesen, war der Arbeitswillige zuerst dem Zureden und später den Beschimpfungen der Streikposten ausgesetzt; es steigerten sich diese Interventionen gegen den Herbst hin zu eigentlichen Bedrohungen. In der Nähe des Wäldchens auf der Terrasse des Zumikerberges war er schon einmal von einigen streikenden Burschen auf menschenleerer Strasse gestellt worden, und es wäre ohne Zweifel zu Tätlichkeiten gekommen, hätte Dorsch unter dem Schutz des eben herankommenden Forchbähnchens, den die Zeugenschaft der Passagiere offenbar befürchtenden Streikenden, nicht entfliehen können. Es war dieser Vorgang, der den Mann veranlasste, eine Browningpistole zu erwerben und die mit sechs Patronen geladene Waffe auf seiner Fahrt zur Arbeit entsichert mit sich zu führen.

Am Abend des 22. Novembers, einem Donnerstag, betrat der zweiunddreissigjährige Tramreparateur Klucker nach der Beendigung seines Dienstes im Strassenbahndepot Burgwies die Trämlerwirtschaft «Burgwies» auf der Strasse gegenüber. Er setzte sich zu den bereits anwesenden Kollegen, dem Kondukteur Füglistaller und dem wie er im Depot tätigen Kappeler, bestellte ein Helles und begann das Spiel auszuteilen für einen Bieter. Unter den drei aufgedeckten Karten befand sich ein Nell und ein Ass von Schaufeln; trotzdem er den Buben nicht in der Hand hatte, wohl aber noch einige niedere Blätter von derselben Farbe, bot er bis auf siebenhundertsechzig hinauf, denn er war guter Laune, weil er morgen seinen dienstfreien Tag hatte. Zwar fand er dann unter den drei verdeckten Blättern den Schaufelbauern auch nicht, und mit dem Match war es demgemäss nichts. Aber das Spiel ging trotzdem gut aus, da er in den folgenden Runden fortwährend weisen konnte; er hatte Sauschwein, wie man sagte. Zwischen diesem und dem neuen Spiel fragte Kappeler ihn, ob er, Klucker, eventuell seinen morgen dienstfreien Tag gegen seinen, Kappelers, der auf den kommenden Sonntag fiel, abzutauschen bereit wäre. Er müsse noch seinen Schrebergarten

auf der Rehalp oben räumen, und ihm wäre es gerade recht, er müsste dann am Sonntag nicht zu Hause sein, sie bekämen nämlich Besuch von seinem Schwager und der Schwester seiner Frau aus Ravensburg, und da sei er nicht scharf darauf. Klucker hörte nicht recht hin, denn er war baff; nochmals hielt er ein «Kart» in der Hand aus lauter Schaufeln; aber diesmal war die Reihe komplett vom Nell weg bis zum Ass, zweihundert mit Stöck, und auf dem Tisch lag noch das Ass vom Kreuz, wovon er den König in seinen Karten hatte, vierhundertsiebenundfünfzig Punkte waren ihm sicher im ersten Spiel. Ja, er sei einverstanden, abgemacht, er werde morgen um sechs Uhr früh für Kappeler antreten, er müsse dann nur nachher noch ins Depot hinüber, den Austausch auf der Liste vorzumerken.

Als der Glaser Dorsch am Freitagmorgen kurz nach sechs Uhr auf seinem Velo – es war noch fast dunkel und der Strassenbelag feucht vom Nebel – von der Rehalp herabfuhr, sah er sich auf der Höhe der Anstalt Balgrist plötzlich von einem Rudel dunkler Gestalten umringt. Zwei, drei Hände griffen nach seiner Lenkstange und hielten ihn am Sattel fest; er stürzte vom Rad, erhob sich aber sogleich wieder und floh die Strasse abwärts, gefolgt von einer ihn wild beschimpfenden Meute Streikender. An der Burgwies rannte er geradewegs in den umzäunten Platz vor dem Tramdepot hinein, auf das offene Tor der Linie Eins zu, deren Wagen bereits ausgefahren war, und über dem eine elektrische Lampe brannte.

Der Wagenreparateur Klucker hatte sich an diesem Morgen, Freitag, den 23. November, halb vergessend, dass er seinen dienstfreien Tag gegen den Kappelers abgetauscht hatte, ein wenig verspätet und in der Hast noch keine Zeit gefunden, das blaue Übergewand anzuziehen. So sah sich der atemlose und völlig verstörte Dorsch, als er in die Halle hineinstürzte, einem Zivilisten gegenüber, der ihm über die Putzgrube des ausgefahrenen Wagens hinweg zurief, was er hier zu suchen habe. Statt jeder Antwort zog der Flüchtling seine Pistole, und den heraneilenden Verfolgern Dorschs wankte aus dem Dämmer der Depothalle heraus der getroffene Klucker entgegen, der nach einigen Schritten leblos zusammenstürzte. Der Totschläger liess sich widerstandslos entwaffnen.

In der Sitzung am folgenden Montag beschloss der Stadtrat, anlässlich der Beerdigung des Tramreparateurs Klucker punkt sechzehn Uhr für sämtliche Strassenbahnen des Netzes einen Halt von zwei Minuten einzuschalten. Die Werkstätten des Betriebes blieben geschlossen. Das übrige städtische Personal hatte auf Wunsch frei. Sechstausend Personen mit vierundzwanzig Fahnen folgten dem Sarge des Unglücklichen.

Zuvor, am Samstag, hatten sowohl der Glasermeisterverband als auch die Glasergewerkschaft dem Vermittlungsvorschlag des Stadtrates zugestimmt, so den seit dem 19. Juni dauernden Konflikt beendend.

Kurt Guggenheim, «Alles in allem»,
Huber, Frauenfeld 1976, S. 180 ff.

Tram 2000: Die Zukunft vorweggenommen

Als der Zürcher Gemeinderat 1974 die Beschaffung weiterer 60 Gelenkmotorwagen bewilligte, stand fest, dass nicht einfach ein Nachbau vorhandener Wagentypen in Frage kam. «Tram 2000» – der Titel, unter den die Planungsarbeiten gestellt wurden, machte unmissverständlich klar, um was es ging: um ein neues, zukunftsgerichtetes Fahrzeugkonzept. Das aber konnte nicht nur modernste Technik, es musste zwingend auch optimale Fahrgastfreundlichkeit bedeuten. Die Vorarbeiten umfassten denn auch systematische Analysen der Fahrgastwünsche. Das Tram 2000, so könnte man etwas überspitzt sagen, wurde recht eigentlich «um den Fahrgast herum» gebaut.

Hoher Fahrgastkomfort
- Extrem niedriger Wagenboden, flache Trittstufen und grosszügige Auffangräume erleichtern das Ein- und Aussteigen, auch für ältere und behinderte Passagiere.
- 50 gepolsterte, kunstlederbezogene Sitze und freundliche Farbkombinationen erzeugen eine behagliche Atmosphäre.
- Aufwendige Isolationen senken die Fahrgeräusche auf ein bisher nie erreichtes Mass.
- Modernste Steuerelektronik garantiert ein sicheres, ruck- und stossfreies Fahren.
- Leistungsstarke Lüftungsanlagen erneuern die Luft 47mal pro Stunde.

- Ferngesteuerte Zielanzeigen, grosse Nummerntafeln und Aussenlautsprecher sorgen für umfassende Fahrgastinformation.

Modernste Technik
- All-Elektrik-Fahrzeug. Der Wegfall der Druckluftleitungen senkt den Lärmpegel und erhöht die Betriebssicherheit.
- Erstmalige Verwendung einer elektronisch gesteuerten, in drei Bremskreise aufgeteilten, vielstufigen elektromechanischen Bremse.
- Wagenkasten in Elementbauweise. Ermöglicht den Aufbau unterschiedlicher Wagentypen, z.B. auch die neuen Zweirichtungswagen der Forchbahn u.a.m.

Für die Zukunft
Getreu seinem Namen ist das Tram 2000 auch für Zukunftsaufgaben gerüstet. So ist es zum Beispiel so dimensioniert, dass es auch in zweigleisigen Normalprofiltunnels verkehren kann.

Die unbekannte Züri-Linie

Über 200 Millionen Passagiere benützen jährlich die blau-weissen Tramwagen und Busse und nehmen es für selbstverständlich, dass die VBZ-Fahrzeuge stets pünktlich, sicher und sauber sind. Selbstverständlich ist das aber nicht, sondern Resultat der Arbeit einer vielfältigen Unterhalts- und Reparaturorganisation.

Die Zahl der technischen VBZ-Mitarbeiter ist nur um etwa einen Fünftel kleiner als jene der Wagenführer und Buschauffeure – ein Verhältnis, das eigentlich alles sagt. Tatsache ist aber, dass sich die wenigsten VBZ-Benützer vorstellen können, was hinter den Kulissen alles reibungslos ineinandergreifen muss, um ein attraktives Verkehrsangebot zu schaffen und aufrechtzuerhalten.

Depots

Die Tram-Motor- und -Anhängerwagen werden dezentralisiert in sechs Depots eingestellt und gewartet. Bei der Einfahrt wird dem Wagenführer ein bestimmtes Gleis zugewiesen. Dieses Einord-

nen ist wichtig und erfolgt nach einem ausgeklügelten System, denn die Tramzüge müssen am anderen Morgen – ohne rangiert zu werden – genau in der fahrplanmässigen Reihenfolge ausfahren können.

Ist ein Tramzug für die nächste Nacht abgestellt, wird er von einem Reparateur übernommen. Er kontrolliert ihn innen und aussen im Detail, während er gleichzeitig durch eine Putzequipe gründlich gereinigt wird.

Im Depot wird jeder Tramzug alle 6000 Kilometer gewartet, und zwar nach fünf verschiedenen Programmen, die eine 2-Mann-Equipe zwischen zweieinhalb und neun Stunden beschäftigen. Räder, die nach einer Vollbremsung eine Fläche aufweisen, können mit einer Unterflur-Radsatzschleifmaschine wieder rund geschliffen werden.

Auch kleinere Reparaturen, die nicht länger als einen Tag dauern, werden im Depot ausgeführt. Zu diesem Zweck verfügt jedes Depot über ein eigenes Ersatzteillager.

Trolleybusse werden täglich gewaschen, innen gereinigt und rundum kontrolliert. Bei den Autobussen wird überdies täglich Dieselöl getankt und wenn nötig Motorenöl und Wasser nachgefüllt. Die VBZ verbrauchen jeden Tag mehrere tausend Liter Dieselöl und jährlich etwa 1200 Reifen.

Auch in den Garagen werden Reparaturen ausgeführt, wobei vor allem Austauschaggregate verwendet werden. Servicearbeiten an Trolley- und Autobussen werden alle 5000 Kilometer fällig. Der Garage Hagenholz ist ausserdem eine Abteilung angegliedert, in der die rund 120 VBZ-Dienstfahrzeuge gewartet und repariert werden.

Garagen

Die Auto- und Trolleybusse werden in den Garagen Hardau und Hagenholz sowie in einer Freiluftgarage in Dübendorf eingestellt und gewartet. Die Rangierprobleme sind hier nur scheinbar kleiner. Zwar sind Pneufahrzeuge nicht an Schienen gebunden, dafür erfordern die Manöver mehr Sorgfalt. Die Auto- und

Zentralwerkstätte

Zwar werden in der modernen, 1975 in Betrieb genommenen Zentralwerkstätte in Altstetten auch grössere Reparaturen und Instandstellungen vorgenommen. Ihre Hauptaufgaben aber sind die langfristig geplanten, kompletten Fahrzeugrevisionen, und zwar nicht nur am VBZ-Rollmaterial, sondern auch an den Fahrzeugen der Forchbahn, der Poly-Seilbahn, der Seilbahn Rigiblick und einiger Verkehrsbetriebe der Region. Wenn man bedenkt, dass zum Beispiel ein Tram 2000 über eine Million Franken kostet, dann erhält diese industriemässig geführte Werkstätte mit ihren 450 Mitarbeitern in 26 handwerklichen und technischen Berufen erst ihre wahre Bedeutung.

Jedes Tram wird nach jeweils 300 000 Kilometern oder etwa alle sechs Jahre einer Revision unterzogen, wobei besondere Vorschriften des Bundesamtes für Verkehr zu beachten sind. Eine kleine Revision beschäftigt mehrere Mitarbeiter während 28 Arbeitstagen und kostet etwa 100 000 Franken. Eine grosse Revision dauert fast doppelt so lange und kostet auch etwa das Doppelte. Ein grosser Aufwand, der aber nötig ist, wenn man bedenkt, dass ein Tram dreissig bis vierzig Jahre lang eingesetzt wird und in dieser Zeit etwa zwei Millionen Kilometer zurücklegt.

Auch die Auto- und Trolleybusse werden etwa bei halber Laufzeit, das heisst nach ungefähr sieben Jahren, einer umfassenden Revision unterzogen. Eine solche Revision beansprucht zum Beispiel bei einem Gelenkautobus Mitarbeiter verschiedenster Berufskategorien einen ganzen Monat lang und kostet rund 120 000 Franken.

Ein revidiertes VBZ-Fahrzeug ist praktisch wieder neuwertig. Um dieses Ziel für den gesamten Fahrzeugbestand immer wieder zu erreichen, werden in der Arbeitsvorbereitung und im Einkauf modernste Planungsmethoden angewendet. Dazu kommt eine gut durchdachte Arbeitsorganisation, die vor allem auf dem Prinzip der festen Arbeitsplätze und auf einem konsequenten Bring-System beruht. Zu diesem Zweck steht neben dem internen Kleintransport eine mächtige Schiebebühne zur Verfügung, mit der sämtliche Fahrzeuge an ihre Standplätze verschoben werden können.

Der Ersatzteilnachschub erfolgt direkt aus dem grossen Hauptlager, das etwa 35 000 verschiedene Artikel im Wert von rund 20 Millionen Franken enthält. Umfassende Arbeitsablauf- und Funktionsstudien waren nötig, um die einzelnen Abteilungen optimal zu koordinieren. Hier werden nicht nur sämtliche Reparatur- und Revisionsarbeiten an Fahrzeugteilen aller Art durchgeführt. Hier erfolgt auch der Unterhalt der Funkgeräte und der Billettautomaten.

Gleisbau

Die Gleisbaugruppen unterhalten, erneuern und e weitern das Tramnetz. Die 131 Kilometer Gleise, die heute in den Strassen Zürich liegen, werden im Durchschnitt etwa 30 Jahre alt, wo bei allerdings der Unterbau, je nach Lage und Beanspruchung, in kürzeren Inter vallen erneuert werden mus Wie gross die Beanspruchur sein kann, zeigt das Beispiel Quaibrücke, die von fünf Tramlinien befahren wird. Hier rollen täglich 13 800 A sen oder 70 000 Tonnen übe Schienen, Weichen und Kre zungen. Das entspricht fast der halben Tonnage, die täg lich von der Gotthardlinie z bewältigen ist!

Bahnbauwerkstatt

Die Mitarbeiter der Bahnbauwerkstatt sind verantwortlich für die Anfertigung und Bereitstellung des Gleisbaumaterials und für den Unterhalt des mechanischen Teils der Gleisanlagen. Dazu gehört vor allem auch das Aufschweissen der Schienen, Weichen und Kreuzungen. Um den Verkehr möglichst wenig zu stören, müssen diese Arbeiten meistens nachts ausgeführt werden, und zwar bei jedem Wetter! In 300 Nachtschichten werden jährlich rund 50 Kilometer Schweissdraht und über 25 Kilometer Elektroden verbraucht!

Eine weitere wichtige Aufgabe der Bahnbauwerkstatt ist die Reinigung der Gleisanlagen. Jedes Jahr werden etwa 250 Lastwagenladungen Schmutz aus Gleisen und Gleisabläufen entfernt. Für die Schneeräumung stehen 9 moderne Schneepflüge zur Verfügung.

106

Fahrleitungsbau

Die Elektrospezialisten projektieren, bauen und unterhalten Fahrleitungen, Kabelanlagen für die Stromversorgung, Steuerungs- und Sicherungsanlagen sowie die Weichenheizungen. Was das bedeutet, lässt sich am besten durch einige Zahlen belegen: Das gesamte Fahrleitungsmaterial wiegt über 700 Tonnen, die Fahrdrähte sind rund 500 Kilometer lang und werden von 11000 Tragseilen und 3000 Masten gehalten! Auch im Fahrleitungsbau sind pro Jahr rund 230 Nachtschichten notwendig.

Betriebsleitstelle

Seit 1970 verfügen die VBZ über eine zentrale Betriebsleitstelle. Sie arbeitet mit einem datengesteuerten Funkleitsystem, das einen ständigen Kontakt zwischen Kurs- und Dienstfahrzeugen, Aufsichtsorganen und Leitstelle gestattet. Fahrzeuge und Leitstellen können, neben der Sprechverbindung, auch über Tastendruck eingegebene, codierte Standardinformationen austauschen, z. B. über Auslastung, Verspätung, Aufholung des Vorfahrzeuges, Störung, Gleitgefahr usw.

Der Wert eines verzögerungsfreien und gezielten Informationsaustausches zwischen Kursfahrzeugen und Leitstelle zeigt sich vor allem bei Unfällen und technischen Störungen. Fahrgäste schätzen die regelmässigen Zeitansagen und andere Informationen.

Zurzeit wird die automatische Standorterfassung für alle Linienfahrzeuge eingeführt. Sie informiert die Leitstelle nicht nur jederzeit über den momentanen Standort eines Fahrzeugs, sondern zeigt auch Fahrplanabweichungen an und ermöglicht so rechtzeitige Massnahmen. Die eingehenden Daten werden auf Magnetband gespeichert und zur Verbesserung von Pünktlichkeit und Regelmässigkeit periodisch ausgewertet.

Notdienst

Bei Unglücksfällen und schwerwiegenden Fahrzeugdefekten setzen die VBZ ein Spezialfahrzeug ein, das über eine umfangreiche Ausrüstung verfügt, zu der auch leistungsfähige hydraulische Pressen gehören, die das Anheben und Verschieben entgleister Tramwagen bei minimalem Personaleinsatz ermöglichen.

Der Notdiensteinsatz wird durch die Betriebsleitstelle angeordnet. Während der Arbeitszeit stehen immer genügend Mitarbeiter abrufbereit zur Verfügung. Nach Feierabend tritt eine Pikettorganisation in Funktion.

Der Notdienstwagen fährt pro Jahr im Durchschnitt etwa 120mal aus, wobei es sich etwa bei einem Fünftel um ernste Fälle handelt.

Freizeitplanung

Viele VBZ-Mitarbeiter haben unregelmässige Arbeitszeiten und können deshalb kaum in Sportclubs und anderen Freizeitvereinigungen mitmachen. Schon früh hat deshalb das VBZ-Personal eigene Freizeitorganisationen gegründet.

Heute gibt es 16 VBZ-Vereine, deren Mitglieder die verschiedensten Interessen pflegen, z. B. VBZ-Musik, Naturfreunde, Ski- und Bergklub, Männerchor, Schachklub, Schützenverein, Velo- und Motoklub usw. Entscheidend ist nun aber, dass bei der Dienstplangestaltung auf die Vereinszugehörigkeiten Rücksicht genommen wird, so dass die Mitglieder einer Vereinigung gleichzeitig Dienst- und Freizeit haben. Nur so ist es den VBZ-Mitarbeitern möglich, trotz unregelmässiger Arbeitszeit mit Gleichgesinnten zusammenzukommen, kameradschaftliche Beziehungen zu pflegen und eine sinnvolle Freizeit zu gestalten.

Nulltarif oder Eigenwirtschaftlichkeit?

Ein Streitgespräch
zwischen den Zürcher Gemeinderäten

Dr. Regula Pfister FDP
und
Bruno Kammerer SP

Gesprächsleitung:
Hanspeter Danuser

Gesprächsdatum: 20. November 1981

Die beiden Gesprächsteilnehmer haben sich im Zürcher Gemeinderat besonders eingehend mit dem öffentlichen Verkehr befasst. Ihre Voten wurden auf Tonband aufgenommen, protokolliert und nachher durch den Gesprächsleiter redigiert bzw. an einzelnen Stellen leicht gekürzt. Die nachfolgende Fassung ist von beiden Gesprächspartnern überprüft, genehmigt und nirgends nachträglich geändert worden. Es handelt sich also durchwegs um spontane mündliche Äusserungen.

Danuser
Vielleicht könnten Sie, Frau Pfister, einleitend kurz aus Ihrer Sicht die heutige Situation der VBZ charakterisieren.

Pfister ■■■■■■■
Die VBZ-Defizite werden jedes Jahr grösser. 1980 betrug der Rückschlag noch 45 Millionen Franken. Für 1982 sind bereits 70 Millionen budgetiert. Dazu werden noch 17 Millionen für die Abgeltung gemeinwirtschaftlicher Leistungen und 8,3 Millionen für die Vergünstigung der Altersabonnemente kommen. Alles in allem werden die Steuerzahler 1982 also rund 95 Millionen Franken für die VBZ aufbringen müssen. Hier kommen wir bereits zu einer grundsätzlichen Frage: Soll der VBZ-Benützer die beanspruchte Leistung direkt bezahlen oder sollen die VBZ mit Steuergeldern finanziert werden? Ich bin der Meinung, dass die VBZ das Verursacherprinzip anwenden und Taxen erheben müssen.

Danuser
Herr Kammerer, ich nehme an, auch Sie sind mit der heutigen Situation nicht einverstanden.

Kammerer ■■■■■■■
Nun, ich meine auch, dass es mit der VBZ-Finanzierung so nicht weitergehen kann. Und auch ich komme bereits zu Grundsätzlichem. Mobilität ist längst nicht mehr nur ein Vergnügen. Mobilität ist heute ein Bedürfnis, eine absolute Notwendigkeit. Man kann Verkehrsfragen deshalb nicht mehr nur technisch oder finanziell angehen. Man muss den gesellschaftspolitischen Aspekt in den Vordergrund stellen, und das bedeutet: Transport ist in einer Stadt heute ein sozialer Dienst.

Danuser
Das verträgt sich wohl kaum mit Ihren Vorstellungen, Frau Pfister?

Pfister ■■■■■■■
Nein, aber lassen Sie mich meine Überlegungen noch etwas fortsetzen. Ich bin, wie gesagt, der Auffassung, dass der VBZ-Kunde die beanspruchte Leistung bezahlen soll. Nun stellt sich aber die Frage, ob diese

Bezahlung kostendeckend oder «angemessen» sein soll. Ich gehe davon aus, dass die VBZ neben der Versorgung der einzelnen Quartiere auch die Lebensqualität unserer Stadt ganz allgemein erhöhen, indem sie den privaten Verkehr zum Teil ersetzen und so die Immissionen vermindern. Deshalb muss sich meiner Meinung nach auch jeder Steuerzahler an den VBZ-Kosten beteiligen. Die Taxen müssen also nicht kostendeckend, sondern angemessen sein, und angemessen bedeutet für mich, dass sie etwa 70 Prozent der Kosten ausmachen. Ist diese angemessene Kostendeckung nicht mehr gegeben, dann müssen die Dinge entweder durch Einsparungen – was sehr schwierig ist – oder durch Taxerhöhungen wieder in Ordnung gebracht werden.

Kammerer ■■■■■■
Aber ein Weitermachen auf diese Art führt doch zu einer Spirale ohne Ende. Früher gab es Wegrecht und Brückenzoll. Sollte man in diesem Sinn etwa auch für das Trottoir bezahlen, auf dem man geht? Das wäre sicher absurd. Und wie steht es eigentlich mit der Gerechtigkeit? Beim heutigen Taxsystem zahlt der Hilfsarbeiter gleich viel wie der Generaldirektor. Da stimmt doch etwas nicht, und zwar denke ich nicht nur an die Lohnsumme, die jeder privat nach Hause trägt, sondern vor allem auch an die Grössenordnung des materiellen Wertes, die jeder für die Gesellschaft erarbeitet. Eine Verkehrsabgabe wäre deshalb viel gerechter. Aber jetzt zu etwas Entscheidendem: Noch immer geben wir via Steuern und Benützer für den Privatverkehr ungleich viel mehr aus als für den öffentlichen Verkehr. Dabei wissen wir alle ganz genau, dass es mit dem Privatverkehr in der Stadt quantitativ so nicht mehr weitergehen kann, dass auf den öffentlichen Verkehr umgestiegen werden muss. Es gibt eine klare Tendenz, den öffentlichen Verkehr zu einem selbstverständlichen Stück Infrastruktur werden zu lassen, wie Wasser, Gas und Elektrizität. Damit das aber praktikabel wird, muss die Finanzierung geändert werden. Damit allein ist es aber nicht getan. Das Angebot an öffentlichen Verkehrsmitteln muss erweitert werden,

bis hin zu preisgünstigen öffentlichen Sammeltaxis. Der grösstmögliche Teil des Verkehrssystems der Innenstadt muss entprivatisiert werden. Es ist einfach Unsinn, dass man mit dem eigenen Auto in der Stadt herum oder gar an den Arbeitsplatz fährt, wo das Auto dann herumsteht. Heute beansprucht ein Parkplatz im Durchschnitt 12 Quadratmeter, was bei einer Autodichte von 127 000 eine Flächenbenutzung von 1 474 000 Quadratmetern ergibt – das ist doch ein Wahnsinn!

Pfister ■■■■■■
Auch ich möchte das Problem nicht in erster Linie von der finanziellen Seite her angehen. Ich gehe mit Ihnen darin einig, dass der wichtigste Auftrag der VBZ in der optimalen Transportversorgung unserer Stadt besteht. Im Gegensatz zu Ihnen ist das für mich aber keine soziale Funktion. Ich gebe zu, dass es sehr viele staatliche Leistungen gibt, für die das Verursacherprinzip aus technischen Gründen nicht in Frage kommt. Gerechtigkeitsempfinden und politischer Standort bringen mich aber zur Überzeugung, dass es überall dort, wo es technisch möglich ist, auch angewendet werden sollte. Bei der VBZ muss es deshalb nicht voll spielen, weil die VBZ ja über die Versorgung hinaus auch noch Leistungen für die gesamte Bevölkerung erbringen, die via Steuern finanziert werden sollten.

Danuser
Das Stichwort Nulltarif ist bis jetzt eigentlich noch nicht gefallen.

Kammerer ■■■■■■
Wir kreisen es ein. Beim Auto kommt das Verursacherprinzip ja zum Tragen. Wer ein Auto fährt, bezahlt dafür. Nun funktioniert unsere Gesellschaft ja ohne Mobilität nicht mehr. Löst man dieses Problem via Privatverkehr, ist jedermann gezwungen, ein Auto zu kaufen. Die ganze Autowirtschaft ist aber ein privates Geschäft. Es wird ein Mehrwert erarbeitet, der in private Taschen zurückfliesst. Diese Mehrwertabschöpfung durch Private ist im heute lebenswichtigen Bereich Transport aber nicht mehr zulässig. Transport ist heute

ein sozialer Dienst, kann in einer Stadt gar nichts anderes sein.

Wie soll nun das Ganze finanziert werden, und zwar so, dass es auch wirklich funktioniert? Sicher nicht so wie bis anhin. Da haben wir ja nun genügend schlechte Erfahrungen. Die Steuerfinanzierung wäre sicher eine Möglichkeit. Wir haben berechnet, dass 95 % der Steuerzahler damit besser fahren würden als beim jetzigen Taxsystem. Aber ich möchte eigentlich an einem anderen Punkt ansetzen, nämlich bei Ihrem Verursacherprinzip. Wenn wir die letzten 25 Jahre betrachten, sehen wir drei Entwicklungen, die innerlich zusammenhängen. Im genannten Zeitraum wurden in Zürich 100 000 neue Arbeitsplätze geschaffen. Gleichzeitig verminderte sich aber die Einwohnerzahl um über 70 000 Personen. Der Kreis 1 verlor sogar über 55 % seiner Einwohner. Das führte zu einem viel stärkeren Verkehrsaufkommen, allerdings vor allem im privaten Sektor, stieg doch die Zahl der Autos von 55 000 auf 127 000, während die Fahrgastzahl der VBZ nur von 196 Millionen auf 217 Millionen zugenommen hat. Wenn man den taxfreien Transport in die Innenstadt einführt, dann wird diese stark aufgewertet. Und hier spielt nun für mich das Verursacherprinzip: Die starke Arbeitsplatz- und Dienstleistungskonzentration macht ja den Verkehr gerade nötig. Die Finanzierung des taxfreien Transports müsste deshalb zum grössten Teil durch eine Verkehrsabgabe erfolgen, die durch jene zu bezahlen wäre, die vom öffentlichen Verkehr in erster Linie profitieren, nämlich die innerstädtischen Unternehmen. So fremd ist das alles übrigens gar nicht, sondern liegt etwa auf der Linie der Dauerparkierungsabgabe, die seit Jahren in der Diskussion reift und demnächst wieder aufgelegt werden soll.

Pfister ■■■■■■■
Sie schlagen den Nulltarif vor, weil Sie glauben, dass die Leute dann vermehrt vom privaten Auto auf die VBZ umsteigen würden.

Kammerer ■■■■■■■
Nicht nur deswegen.

Pfister ■■■■■■■
Sicher, aber es handelt sich um ein zentrales Argument, das ich glatt in Abrede stelle. Es gab ja deutsche Städte, es gab Bologna. Sie hatten den Nullverkehr, gingen aber nach relativ kurzer Zeit wieder zum Taxsystem zurück, weil das erhoffte Umsteigen vom Privatverkehr nicht eintrat. Es gibt auch eine entsprechende VBZ-Umfrage, und sie zeigt ganz klar: Die Taxen sind nicht der Grund, weshalb die Leute nicht vermehrt die VBZ benützen. Die Gründe haben vielmehr mit unserem Wohlstand und unserer Bequemlichkeit zu tun. Auch bei verstopften Strassen ist man oft noch schneller mit dem eigenen Auto, man steht nicht im Regen und hat immer einen Sitzplatz. Hier hat der öffentliche Verkehr ganz eindeutig ein Handicap, das sich der Taxfreiheit nicht aufholen lässt. Auch wenn Tram und Bus nichts mehr kosten würden, die Leute würden sie aus Bequemlichkeit nicht vermehrt benützen. Im übrigen hat man ausgerechnet, dass der Nulltarif zusätzlich zu den 95 Millionen, die uns die VBZ 1982 ohnehin kosten werden, noch einmal gut 90 Millionen kosten würde. Das wären dann knapp 200 Millionen allein für die VBZ, weit über 20 Steuerprozente. Ich glaube, dass dies nun einfach nicht mehr drin liegt. Ich glaube auch nicht, dass die von Ihnen vorgeschlagene Verkehrsabgabe gerecht wäre. Es ist auch nur eine Behauptung von Ihnen, dass die innerstädtischen Unternehmen vom Nulltarif profitieren würden. Ich könnte mir im Gegenteil vorstellen, dass es den Verkaufsgeschäften schlechter ginge. Viele Leute haben sich angewöhnt, nur noch einmal pro Woche einzukaufen, dafür aber sehr viel. Dazu brauchen sie ihr Auto und einen Parkplatz. Wenn sie nicht mehr so in der Innenstadt einkaufen können, wandern sie eben in die

grossen Einkaufszentren der Agglomeration ab. Deshalb meine ich, dass es in der Innenstadt immer Parkplätze geben muss und dass man zum Beispiel auch das Limmat-Parking wird bauen müssen.

Kammerer ▬
Sie haben behauptet, ich wolle mit dem Nulltarif vor allem das Umsteigen auf die VBZ fördern. Zum Teil sicher. Aber das ist nur ein Aspekt, der überdies nur langfristig zum Tragen kommt. Darüber hinaus aber geht es um ein viel grösseres Angebot an öffentlichen Verkehrsmitteln.

Pfister ▬
Wie würde denn das Ganze etwa aussehen und wo wären die Grenzen?

Kammerer ▬
Wieviel Tramzüge und Busse wir mehr brauchen werden, wieviel Extraspuren und so weiter, all das müsste aus der Praxis heraus entwickelt werden. Jedenfalls: Der öffentliche Verkehr müsste absolute Priorität erhalten und immer flüssig sein. Analog müsste der private Verkehr eingeschränkt werden. Das private Auto könnte als Feinverteiler in der Innenstadt weitgehend durch preisgünstige öffentliche Sammeltaxis ersetzt werden.

Danuser
Wenn ich Sie richtig verstanden habe, wollen Sie den Nulltarif koppeln mit einer weitgehenden Sperrung der Innenstadt für den Individualverkehr.

Kammerer ▬
Auf «Sperrung» möchte ich mich nicht behaften lassen. Sicher würde es Einschränkungen geben, verbunden mit einem Investitionsstopp im Strassenbau. Doch der gesellschaftspolitische Aspekt ist mir viel wichtiger. Transport ist heute etwas Grundlegendes für uns alle. Die verkehrspolitische Diskussion müsste deshalb viel öffentlicher und viel gesellschaftsbezogener geführt werden. Ich kann mir deshalb auch nicht gut vorstellen, dass man den Nulltarif im Gemeinderat von oben herab durchboxt. Der Nulltarif ist für mich kein Dekret, sondern ein

Denkmodell für ausführliche, vielleicht jahrelange Diskussionen mit der Bevölkerung, für die allerdings die entsprechenden Strukturen geschaffen werden müssten, zum Beispiel Quartierräte. Die Wirtschaft müsste in diese Diskussion einbezogen werden. So würde langsam ins allgemeine Bewusstsein eindringen, dass Transport heute ein öffentliches, ein soziales Anliegen ist. Ich meine, das hätte auch langfristige Auswirkungen auf das Bewusstsein der Stadtbewohner im Sinne einer Psychohygiene. Miteinander den öffentlichen Verkehr zu gestalten und zu organisieren wäre doch eine ganz andere Erfahrung als das, was heute passiert, heute, wo der Verkehr doch nichts anderes ist als ein Lebensverschleiss, ein einziger Kampf darum, schneller vorwärtszukommen, was alles zusammen zu einer Entfremdung vom Menschsein führt.

Pfister ▬
Auch ich sehe ein, dass es im Grunde genommen ein Unsinn ist, dass man wegen jeder Kleinigkeit allein in seinem Auto in die Stadt hineinfährt. Es kann sein, dass die Leute das mit der Zeit immer mehr einsehen werden. Wenn nicht, wird es ihnen vielleicht einfach diktiert. Zum Beispiel, indem es kein Benzin mehr gibt oder indem das Chaos auf den Strassen so gross wird, dass man überhaupt nicht mehr vorwärts kommt. Was Sie aber wollen, bedingt eine gesellschaftliche Veränderung, mehr noch, nämlich eine grundlegende Änderung des Menschen.

«Die Taxen sind nicht der Grund, weshalb die Leute nicht vermehrt die VBZ benützen. Die Gründe haben vielmehr mit unserem Wohlstand und unserer Bequemlichkeit zu tun.»

Kammerer ■■■■■■■

Gesellschaftliche Prozesse, Veränderungen des Mensch-seins sind immer durch äussere Umstände ausgelöst worden. Man kann den Menschen nur verändern, indem man gewisse Umweltsbedingungen verändert. Deshalb müssen Prozesse ausgelöst werden, damit der Mensch sich aus der erlebten Praxis heraus ändert. Die Bevölkerung sollte nicht weiterhin von oben herab Entscheide erfahren. Sie sollte sich vielmehr an Entscheidungsprozessen aktiv beteiligen können, sollte vom Objekt zum Subjekt werden. Auch kann ich Verkehrspolitik nicht isoliert betrachten. Für mich geht es um Entwicklungspolitik, die letztlich in Sozialpolitik einmündet.

Pfister ■■■■■■■

Sie haben vorhin mehr öffentliche Transportmittel gefordert. Nun findet die Bevölkerung aber fast durchwegs, die Versorgung durch die VBZ sei gut bis sehr gut. Das einzige, in der bereits erwähnten Umfrage auftauchende Problem ist die Bequemlichkeit. Die Leute wollen nicht warten, sie wollen sofort Anschluss haben, sie wollen immer einen Sitzplatz bekommen, sie wollen schnell vorankommen. Und das alles ist nun einfach heute noch nicht gewährleistet.

Kammerer ■■■■■■■

Sie haben recht. Das Bequemlichkeitsangebot erfolgt heute nur auf der privaten Ebene, ist aber volkswirtschaftlich und privat viel zu teuer. Wenn die Leute sich bewusst machen würden, was sie tatsächlich für ihr Auto bezahlen! Bequemlichkeit im Transport muss öffentlich sein. Da komme ich wieder zum sozialen Aspekt. Mobilität muss zu einem selbstverständlichen Teil der Infrastruktur werden, so wie das Wasser, das man am Morgen laufen lässt. Und was das Limmat-Parking betrifft, da müssen Sie doch einfach einsehen, dass das zum Herzkollaps unseres Verkehrssystems führt. Das zeigt allein schon das Beispiel New York. Dort mussten Parkhäuser in der Innenstadt geschlossen werden, weil mit dem Privatverkehr kein Durchkommen mehr war.

Pfister ■■■■■■■

Es gibt aber Städte wie zum Beispiel Genf, die zeigen, dass Lösungen à la Limmat-Parking tatsächlich funktionieren können. Zürich hat ja bei weitem nicht das Ausmass von New York, wo die Probleme wesentlich anders liegen. Ich bin nun einmal überzeugt, dass die Wirtschaft der Innenstadt massive Probleme bekommt, wenn der Privatverkehr nicht mehr zugelassen wird. Die Leute wollen nun in Gottes Namen einmal mit dem eigenen Auto in die Innenstadt hineinfahren können oder allenfalls mit einem ganz bequemen öffentlichen Verkehrsmittel. Eine solche Rosskur wäre deshalb nur zu verantworten, wenn man gleichzeitig die Bequemlichkeit des öffentlichen Verkehrs stark erhöht. Dazu wären aber sehr grosse Investitionen notwendig, und diese würden zu massiven finanziellen Problemen der Stadt führen. Es könnte gut sein, dass unsere Stadt eines Tages einen irrsinnig teuren öffentlichen Verkehr hätte und diesen einfach nicht mehr bezahlen könnte.

Kammerer ■■■■■■■

Sie sagen, die Wirtschaft der Innenstadt bekomme Probleme, wenn man sie vom Privatverkehr abschneide. Ich sage: Der Verkehr ist das Problem der innerstädtischen Wirtschaft. Nur: Es ist dieser Wirtschaft egal, wie dieser Verkehr läuft, wichtig ist, dass er läuft. In den letzten zehn Jahren hatten wir doch bereits ein Umdenken. Man weiss doch heute, dass man die vielen Pendler nicht mehr mit Privatautos in die Stadt hinein transportieren kann. Früher wollte man dafür noch den City-Ring und diverse Tangenten bauen, heute bezweifelt man ihre Kapazität. Wichtig ist eben nicht, ob Mobilität privat oder öffentlich ist. Wichtig ist, ob Mobilität so bequem wie möglich ist. Ich bin sicher, dass der öffentliche Verkehr à la longue bequemer und obendrein volkswirtschaftlich gesehen billiger ist.

Danuser

Besteht beim Nulltarif nicht die Gefahr, dass mit ihm jedes Kostenbewusstsein verlorenginge?

Kammerer ▬▬▬▬▬
Solange das jetzige Taxsystem besteht, bin ich für die Beibehaltung des Referendums, denn Referendum bedeutet Volksabstimmung und damit Kontrolle durch das Volk. Was den Zusammenhang Nulltarif-Kostenbewusstsein betrifft: Das wäre eine Frage der Kontrolle. Ich glaube, es wären genügend Kräfte da, die den VBZ auf die Finger sehen würden.

Pfister ▬▬▬▬▬
Ich bin im Gegensatz zu Ihnen überzeugt, dass der Nulltarif zu einer Kostenexplosion führen würde. Und was das Taxreferendum betrifft, so trete ich zusammen mit meiner Partei dafür ein, dass es abgeschafft wird. Die Motion von Sylvia Staub (6. 5. 1981), die jetzt dann behandelt wird, verlangt, dass der Stadtrat die Taxen in eigener Kompetenz der Teuerung angleichen kann. Beim Gastarif ist das ja schon der Fall. Der Stadtrat soll auch, wenn ein bestimmter Kostendeckungsgrad unterschritten wird, selbständig Sanierungsmassnahmen wie Einsparungen, Taxerhöhungen und so weiter einleiten können. Vielleicht könnte man die abschliessende Kompetenz auch dem Gemeinderat übertragen. Die Motion von William Knecht (13. 5. 1981) geht in diese Richtung. Auf jeden Fall glaube ich, dass man dem Volk die Kompetenz wegnehmen müsste, über Taxerhöhungen abschliessend zu entscheiden. Die VBZ sollten wie ein privates Unternehmen geführt werden. Vor allem dann, wenn einmal der so dringend notwendige Zweckverband mit den umliegenden Gemeinden und dem Kanton kommen sollte. Die Stadt Zürich wäre in einem solchen Verband sicher ein gewichtiger Partner, aber sie könnte ja nicht verbindliche, betriebswirtschaftliche Massnahmen mitbeschliessen, wenn nachher das Volk wieder alles über den Haufen werfen könnte.

Kammerer ▬▬▬▬▬
Ich meine, dass jetzt die Positionen klar bezogen sind. Sie reden von Führung nach privatwirtschaftlichen Grundsätzen. Ich rede von sozialem Dienst. Für mich ist es einfach gefährlich, den Transport mit seiner überragenden Bedeutung für den Einzelnen, für die Wirtschaft, für das Leben der Stadt, also für die gesamte Gesellschaft, nur so technisch, organisatorisch und privatwirtschaftlich anzugehen. Für mich gehört das alles in einen umfassenden gesellschaftspolitischen Rahmen gestellt. Mit Gas und Elektrizität lässt sich der Transport nur bedingt vergleichen: Beim öffentlichen Verkehr streben wir ja eine möglichst intensive Nutzung an. Bei Gas und Elektrizität sind wir an einem möglichst zurückhaltenden Konsum interessiert.

Pfister ▬▬▬▬▬
Aber wir wollen doch auch, dass die VBZ möglichst gut funktionieren. Gut funktionieren hat verschiedene Aspekte und heisst zum Beispiel optimale Versorgung, aber auch kostenoptimale Leistungserbringung. Sie wollen ja langfristig die VBZ zur sozialen Institution machen – das ist doch aber wohl nur möglich, wenn die VBZ auch dann noch wirtschaftlich funktionieren. Was nützt eine wunderbare soziale Einrichtung, wenn man sie nicht mehr bezahlen kann?

Danuser
Ich danke Ihnen für dieses Gespräch.

117

Kampf den Schwarzfahrern

Ab 1963 wurden die Kondukteure durch Billettautomaten ersetzt (siehe Kapitel «Automaten statt Menschen»). Bis zu diesem Zeitpunkt gab es für die VBZ kaum ein Schwarzfahrerproblem. Dafür sorgte allein schon die ständige Präsenz des Kondukteurs, dessen Hauptaufgabe ja der Billettverkauf war. Er stand im übrigen unter einem gewissen Leistungsdruck, denn wenn ein Aufsichtsbeamter einen Schwarzfahrer erwischte, setzte es eine Rüge ab.

Mit der Umstellung auf den kondukteurlosen Betrieb veränderte sich die Situation aber grundlegend. Es war von Anfang an klar, dass die Billettautomaten durch einen wirksamen Kontrolldienst ergänzt werden mussten. Seine Mitarbeiter rekrutierten sich aus ehemaligen Kondukteuren und Billetteusen. Sie führten ihre Kontrollen meistens in Uniform durch und erhoben von Fahrgästen ohne gültigen Fahrausweis neben der Taxe noch einen Zuschlag von fünf Franken. Dieser Zuschlag wurde 1975 auf zehn und 1977 auf zwanzig Franken erhöht.

Wer Tram und Bus ohne gültigen Fahrausweis benützt, macht sich der «Erschleichung einer gebührenpflichtigen öffentlichen Dienstleistung» schuldig. Die meisten Menschen haben zum Schwarzfahren ein zwiespältiges Verhältnis und betrachten es nicht als eigentliches Delikt, sondern höchstens als geringfügiges Vergehen, vergleichbar etwa der Übertretung einer Parkierungsvorschrift. Die VBZ haben denn auch alles getan, um eine übertriebene Kriminalisierung zu vermeiden. Deshalb wird nicht etwa eine Busse, sondern ein Zuschlag erhoben, und wer diesen sofort bezahlt, kommt auch um die Feststellung seiner Personalien herum. Wer seine Sichtkarte tatsächlich zuhause vergessen hat, erhält bei späterer Vorweisung den Zuschlag zurück.

Man wird dem Problem des Schwarzfahrens denn wohl auch am ehesten gerecht, wenn man es nicht primär moralisch wertet, sondern vor allem seine materielle Seite betont. Im Jahre 1981 wurden 32 270 Schwarzfahrer erfasst. Bei einer jährlichen Transportleistung von 219 Millionen Passagieren mag diese Zahl klein scheinen. Die vermutete Dunkelziffer betrug zu jenem Zeitpunkt aber 6 Prozent, und der Einnahmenausfall allein auf Stadtgebiet wurde auf 10,1 bis 12,1 Millionen Franken berechnet.

Sicher konnte es nie darum gehen, mit einem überdimensionierten Kontrollapparat möglichst viele Schwarzfahrer zu erwischen. Das Ziel des Kontrolldienstes war vielmehr von Anfang an ein anderes: Durch eine optimale Präsenz und eine genügend hoch angesetzte Zuschlagtaxe möglichst viele davon abzuhalten, ein öffentliches Verkehrsmittel ohne gültigen Fahrausweis zu benützen.

Diese vorbeugende Wirkung konnte in den späten siebziger Jahren immer weniger erreicht werden, vor allem, weil die Mitarbeiterzahl des Kontrolldienstes immer kleiner und so das Schwarzfahren allmählich zum kalkulierbaren Risiko wurde. 1981 wurde deshalb der Kontrolldienst auf eine neue organisatorische Basis gestellt und personell stark erweitert. Der grösste Teil der rund hundert Kontrolleure rekrutiert sich aus Wagenführern und Buschauffeuren, die diesen heiklen Dienst zu 60 bis 70 Prozent ausführen und daneben noch immer regelmässig Fahrdienst leisten. Diese Lösung bringt mehrere Vorteile: Einerseits finden Wagenführer und Buschauffeure, die mehr Abwechslung und mehr Kontakt mit den Fahrgästen wünschen, in dieser neuen, erweiterten Aufgabe zusätzliche Befriedigung. Andrerseits stehen nun Männer und Frauen mit Lebens- und Betriebserfahrung zur Verfügung, die in kritischen Situationen am ehesten über genügend Kenntnisse, Ruhe und Überlegenheit verfügen.

Die Spitzenreiter
der Schwarzfahrerausreden

■■■■ «Ich habe meine Sichtkarte zuhause vergessen.» (Kann der Fahrgast später die Sichtkarte mit gültiger Monatsmarke vorweisen, erhält er die Zuschlagtaxe zurückerstattet.)

■■■■ «Ich habe vergessen, die neue Monatsmarke zu lösen.» (Hinter dieser Ausrede verbirgt sich oft die Absicht, bis zum 10. des Monats ohne neue Marke durchzukommen, denn ab diesem Zeitpunkt reduziert sich ihr Preis.)

■■■■ «Ich hatte kein Kleingeld bei mir, und das Tram war schon da.»

■■■■ «Vor dem Automaten standen die Leute Schlange, und der Bus wartete bereits.»

■■■■ «Der Entwerter funktionierte nicht.» (Diese Begründung wird, wenn möglich, sofort überprüft, stellt sich aber meistens als falsch heraus.)

Alle Interessenten erhalten eine umfassende Spezialausbildung, die Kundendienst, Betriebskenntnisse, Fahrdienst, Verhalten bei ausserordentlichen Vorkommnissen, Umgang mit schwierigen Fahrgästen und Fremdsprachen umfasst.

Der Kontrolldienst stellt recht hohe Anforderungen an Belastbarkeit und Selbstbeherrschung. Zwar geben viele Schwarzfahrer ihre «Sünde» ohne weiteres zu oder versuchen es mit einer – meistens nutzlosen – Ausrede. Vor allem in den späteren Abendstunden kann es aber auch zu ungemütlichen Situationen und sogar zu Tätlichkeiten kommen. Deshalb wird der späte Kontrolldienst ausschliesslich zu zweit ausgeführt.

Letztlich geht es bei den Bemühungen, möglichst viele vom Schwarzfahren abzuhalten, auch um ein Stück Gerechtigkeit. Es ist nur verständlich, dass viele ehrliche Fahrgäste verärgert sind, wenn sie das Gefühl haben müssen, den Schwarzfahrern werde zu wenig energisch auf den Leib gerückt. Trotzdem wird es nie möglich sein, das Schwarzfahren ganz zu verhindern. Auch muss dem Kontrolldienstmitarbeiter ein gewisser Ermessensspielraum zugestanden werden. Denn was soll er etwa mit dem eben angekommenen, nur japanisch sprechenden Touristen anfangen?

Wir alle werden auch in Zukunft mit dem Kontrolldienst leben müssen, einer unzulänglichen, wenig sympathischen, aber leider notwendigen Massnahme. Eine Rückkehr zum Kondukteurbetrieb wird es wohl nie mehr geben, und zwar nicht nur, weil die erforderlichen 800 Kondukteure gar nicht rekrutiert werden könnten, sondern auch, weil ein Mehraufwand von mindestens 40 Millionen Franken entstehen würde.

Die Frau im Führerstand

Seit 1979 arbeiten bei den VBZ Frauen als Wagenführerinnen, seit 1981 auch als Buschauffeusen. Der Entschluss, Frauen im Fahrdienst zu beschäftigen, führte innerhalb der VBZ und in der Öffentlichkeit zu einigen Diskussionen. Inzwischen gehört die Frau im Führerstand aber bereits zum gewohnten Alltagsbild.

Wie die noch kurze Erfahrung zeigt, leisten Wagenführerinnen und Buschauffeusen ihren Dienst genau so gut und zuverlässig wie ihre Kollegen und werden im übrigen von diesen am ehesten akzeptiert, wenn sie bereit sind, keine Vorrechte, auch keine traditionell weiblichen, zu beanspruchen.

Überhaupt muss dieser emanzipatorische Schritt der VBZ in seinen Relationen gesehen werden: Den 30 Wagenführerinnen und Buschauffeusen stehen 950 Kollegen gegenüber. Interessant ist aber die unterschiedliche Rangfolge der wichtigsten Berufsmotive:

Frauen	Männer
1	1
Verantwortung	Freude am Fahren
2	2
Freude am Fahren	Verantwortung
3	3
Selbständigkeit	Selbständigkeit
4	4
Umgang mit Leuten	Soziale Sicherheit
5	5
Leuten Dienst erweisen, helfen	Umgang mit Leuten
6	6
Freude an Fahrzeugen, am Maschinellen	Leuten Dienst erweisen, helfen
7	7
Beherrschen von schweren Tramzügen, Fahrzeugen	Beherrschen von schweren Tramzügen, Fahrzeugen
8	8
Wichtige notwendige Tätigkeit im Dienste der Öffentlichkeit	Freude an Fahrzeugen, am Maschinellen
9	9
Kollegialität	Kollegialität
10	10
Soziale Sicherheit	Wichtige notwendige Tätigkeit im Dienste der Öffentlichkeit
11	11
Förderung des öffentlichen Verkehrs	Ansehen des Berufs
12	12
Unregelmässiger Arbeitseinsatz	Unregelmässiger Arbeitseinsatz
13	13
Ansehen des Berufes	Geregelte Arbeitszeiten
14	14
Geregelte Arbeitszeiten	Förderung des öffentlichen Verkehrs

Das Tram als Hobby

In den sechziger Jahren verschwanden die letzten Tramwagen aus der Zeit vor dem Zweiten Weltkrieg langsam aus dem Zürcher Stadtbild. In dieser Situation gründeten einige Strassenbahnfreunde 1967 den «Verein Tram-Museum Zürich».

Sie hatten sich zum Ziel gesetzt, eine Auswahl repräsentativer Wagentypen vor dem Verschrotten zu bewahren. Dadurch sollte ermöglicht werden, die Entwicklung der Verkehrsbetriebe der Stadt Zürich nicht nur mit Bildern und Modellen, sondern auch mit restaurierten und fahrtüchtigen Tramwagen dokumentieren zu können.

Heute, fünfzehn Jahre später und dank vielen tausend Stunden freiwilliger Fronarbeit, stehen im alten Tramdepot im Seefeld acht Triebfahrzeuge der Baujahre 1897 bis 1930 und vier Anhängerwagen der Baujahre 1912 bis 1930. Mit Ausnahme von zwei Triebfahrzeugen sind alle diese Fahrzeuge betriebsfähig und zu einem schönen Teil auch fertig restauriert. Dazu kommen eine wertvolle Kollektion interessanter Einzelteile und eine umfangreiche Sammlung von Bildern, Plänen, Fahrscheinen, Ansichtskarten, Fahrplänen, Fachliteratur und Modellen.

Wer sich dem «Verein Tram-Museum Zürich» anschliesst, leistet einen Beitrag zur Erhaltung einiger Zeugen der Zürcher Tramgeschichte. Wer überdies selbst bei den Restaurierungsarbeiten mithilft, kann hier einen idealen Ausgleich zum beruflichen Alltag finden und vielleicht auch Bubenträume verwirklichen. Zwei Drittel der Mitglieder sind denn auch Akademiker, Beamte und Kaufleute.

J. B., 57, Bauzeichner,
Gründungsmitglied und Vereinspräsident

E. L., 43, Kaufmann

B. L., 77, pensionierter Elektromechaniker

F. S., 37, Speditionschef   J. S., Elektroniker, techn. Leiter
                                 der Restaurierungsarbeiten

P. K., Prokurist

J. L., 24, Student

Das individualverkehrsfreundliche Zürich

(Aus der Wochenendausgabe der «Iswestja»
vom 2./3. September 2007)

Eine Utopie zum Thema «Zukunftsaussichten des
Individualverkehrs»
Von Hans R. Rüegg, Technischer Leiter der Regional-
planung Zürich und Umgebung

Unsere Urlauber, die immer häufiger die Länder im
Westen besuchen, wundern sich immer wieder, wie angenehm es ist, sich mit einem individuellen Verkehrsmittel
durch Zürich, eine der grössten Schweizer Städte, zu
bewegen. Dass dies nicht immer so war, haben wir im
Zürcher Stadtarchiv feststellen können, wo Dokumente aus
dem Jahre 1982 zeigen, dass die Stadt damals fast unerträg-
liche Verhältnisse aufwies und dass in jenen Jahren ein
ausgesprochener Verkehrspessimismus vorherrschte.

Wir haben die amtierende Stadtpräsidentin gefragt –
nach Zürcherart ist sie eine ehemalige Lehrerin –, wie diese
Veränderung im Zürcher Individualverkehr zustande kam.

«Sehen Sie», sagte sie uns, «das Ganze kam ins Rollen
mit den eidgenössischen Verkehrsinitiativen zur Rettung des
bedrohten Individualverkehrs. Die Initiativen wurden Mitte
der 80er Jahre von Automobilverbänden, Linksparteien und
Arbeitgeberverbänden mit unterschiedlichen Zielen lanciert.
Sie wurden alle, wie das bei Initiativen üblich ist, verworfen,
aber es war nun klar geworden, dass mit dem Autoverkauf
allein die Probleme nicht gelöst wurden und dass etwas geschehen musste. Denn – ich frage Sie – wie individuell war
denn dieser Individualverkehr damals noch? Man verbrachte
täglich Stunden in der Kolonne zur Stadt, in der Kolonne
zum Parkhaus, auf der Suche nach einem freien Parkplatz.
Das Verhältnis zwischen den Motorenleistungen jener Old-
timer und der damals noch möglichen Fahrgeschwindigkeit
war geradezu grotesk: 70, 100 und mehr Kilowatt für
15 Stundenkilometer! Und als dann auch noch bekannt
wurde, wie stark die Schäden hoher Abgaskonzentrationen für

das Nervensystem und die Atmungsorgane von Kindern und
Jugendlichen sind und ein eigentlicher Familienexodus aus
den Städten einsetzte, geriet der Individualverkehr in eine
ernsthafte Krise.

So kam es, dass 1990 das Strassengesetz geändert und
den Gemeinden gestattet wurde, den Verkehr in den
Quartieren den Bewohnern anzupassen. Gemeinden, die sich
freiwillig dem verschärften Gesetz unterstellten, konnten zum
Beispiel das Recht, auf Quartierstrassen zu parkieren, auf die
Anwohner beschränken. Sie konnten ferner Strassen oder
ganze Quartiere durch entsprechende Signalisation bei den
Zufahrten zu «Ghettos» erklären: Damit gilt dort das absolute
Vortrittsrecht für Fussgänger, und Fahrzeuge dürfen nur im
Schrittempo fahren. Diese Gesetzesänderung erwies sich für
grössere Städte als wahrer Segen.

Ein Segen war sie besonders für Zürich, wo man 1985
dazu übergegangen war, den Bau von Garagen und Park-
plätzen auf privatem Grund zu verbieten, und wo sich die
Probleme nun in die äusseren Stadtquartiere und in die Vorortsgemeinden verlagerten. In die Vorortsgemeinden waren

nach 1985 auch viele Betriebe gewandert, als dort der Autobahnring gebaut wurde.

Und so endete der verkehrspolitische „Bürgerkrieg", der die Schweiz zwischen 1975 und 1990 heimsuchte, eigentlich sehr friedlich. Er führte zu einer Änderung des Verkehrsverhaltens in den Städten. Man fand sich damit ab, dass der Individualverkehr nur auf den deutlich signalisierten und mit integrierten Lichtsignalanlagen gesteuerten Hauptstrassen schnell fahren kann und vortrittsberechtigt ist, dass man auf allen übrigen Strassen nur im Schrittempo und nur leise fahren darf und dass es hier keine Zebrastreifen, keine Verkehrsampeln und keine Signale gibt. Denn die Bürgerkontrolle sorgt hier dafür, dass das absolute Vorrecht des Fussgängers und Bewohners strikte beachtet wird. Wer es eilig hat, benützt das öffentliche Verkehrsmittel, dessen Linien von den Beschränkungen ausgenommen sind. Und ausserhalb des überbauten Gebietes der Städte hat der Individualverkehr natürlich nach wie vor freie Fahrt.»

Die Stadtpräsidentin blättert selbstzufrieden durch einige Zeitungsausschnitte von 1986, mit Fotos, die sie an der Spitze demonstrierender Jugendlicher zeigt, die auf Spruchbändern «Die venezianische Verkehrslösung für unsere Städte» fordern. Offensichtlich hat ihre eigene politische Laufbahn in jenen verkehrspolitischen «Bürgerkriegsjahren» begonnen.

«Die grosse Wende», fährt sie fort, «kam 1992, als die Impulszähler für alle Automobilisten obligatorisch erklärt und die Impulsgeber in die Strassen eingebaut wurden. Sie kennen diese Dinger: Die Impulsgeber sind in die Fahrbahnen der Strassen eingelassen. Mit zunehmender Verkehrsbelastung werden immer mehr Impulsgeber eingeschaltet, das heisst wer auf stark belasteten Strassen fährt, überquert sehr viele, wer ausserhalb der Spitzenzeiten oder in dünn besiedelten Gebieten fährt, überquert nur wenige eingeschaltete Impulsgeber. Jeder überfahrene und eingeschaltete Impulsgeber wird vom Zähler im Fahrzeug registriert. Bei der halbjährlichen Lärm- und Schadstoffkontrolle werden die Impulszähler im Fahrzeug abgelesen, und der Fahrer bezahlt entsprechend dem Ausmass, in dem er die Strassen allgemein und die verkehrsgeplagten Gebiete im besonderen befahren hat.

Mit den erhobenen Abgaben wurde schrittweise die elektronische Verkehrsüberwachung eingerichtet. Sie erlaubt es dem Autofahrer, in seinem Fahrzeug jederzeit die Verkehrsbelastung der Strassen abzurufen, die er ansteuert, aber auch zu erfahren, welche Parkhäuser entlang seiner Route noch über unbesetzte Plätze verfügen. Seit wir in Zürich diese belastungsabhängige Verkehrsabgabe und die integrierte Privatverkehrsüberwachung haben, sind unsere Strassen wieder befahrbar, da sich die Benützer belastungsbewusst verhalten.

Impulsgeber und Impulszähler sind inzwischen, wie sie vielleicht wissen, zu einem bedeutenden Exportartikel der Schweiz geworden. Wir bauen sie in den Metropolen der reich gewordenen Agrar- und Rohstoffländer Afrikas, Südamerikas und Südasiens in die Strassen ein und beliefern die Autoindustrie.

Einen politischen Streit entfachte in Zürich seinerzeit die Frage, ob die Autobahnen auch mit Impulsgebern auszustatten seien oder nicht. Gebaut hatte man diese Strassen ja mit dem Versprechen, den Verkehr auf sie zu konzentrieren, ihn zu „kanalisieren". Als alle Fahrer auf diese noch impulsgeberfreien Routen auswichen, brach dort der Verkehr jämmerlich zusammen, und erboste Bürger verlangten auch für die Autobahnen Impulsgeber. Gottseidank hat man ihnen nicht nachgegeben und statt dessen auf einigen Versuchsstrecken das durch Mikroprozessoren gesteuerte Fahrzeugleitsystem eingebaut.

Da zu Beginn der 90er Jahre die Automobilhersteller dazu übergingen, in die Fahrzeuge serienmässig Bordcomputer einzubauen, die für eine ganze Reihe von Steuerprogrammen eingesetzt werden konnten, liess sich das Leitsystem schrittweise auf allen Autobahnen einführen. Und so funktioniert heute das Autobahnfahren: Die Steueranlagen sorgen für automatische Abstandhaltung bei Verkehrsgeschwindigkeiten, die auf die Belastung abgestimmt sind. Wer sich den Luxus leisten will, kann in sein Fahrzeug auch eine Spurführungsanlage einbauen lassen und ist damit, solange er auf der Autobahn fährt, der Fahrzeuglenkung ganz enthoben.»

Die Stadtpräsidentin sieht nach dem kleinen Rufgerät, mit dem mein Begleiter spielt, und fährt fort: «Diese Geräte und unser Taxisystem allgemein erfreuen sich bei den Besuchern unserer Stadt grösster Beliebtheit. Wir nennen es „Teheraner System", warum weiss ich nicht. Vielleicht gab es in Teheran in der vorelektronischen Epoche ein ähnliches System. Hier wurde es Mitte der 90er Jahre entwickelt, als sich der öffentliche Verkehr mehr auf seine Hauptaufgabe, die Bedienung der stark benützten Hauptverkehrsachsen, konzentrieren musste. Das rief nach ergänzenden Verkehrsmitteln, welche die Fläche individualverkehrsähnlicher bedienten. Das damalige Taxisystem kam dafür kaum ernsthaft in Frage, denn es bestand aus einer Flotte parkierter Autos, deren Chauffeure Romane lasen und die Wartezeit den Kunden verrechneten.

Unser heutiges System kennen Sie offensichtlich: Die Taxis sind fast immer unterwegs, der Kunde gibt dem herannahenden Taxi mit dem Rufgerät das gewünschte Fahrziel bekannt, der Bordcomputer zeigt dem Fahrer sofort an, ob dieses Fahrziel ohne wesentlichen Umweg für die bereits mitfahrenden Benützer erreichbar ist, und der Fahrer entscheidet, ob er den neuen Fahrgast mitnimmt oder nicht. Die Zahl der verbleibenden freien Plätze ist auf dem Taxi von weither ablesbar. Beansprucht ein Fahrgast im Taxi eine ganze Sitzreihe für sich, meldet er dies dem Fahrer rechtzeitig und bezahlt für den Rest der Fahrt die zusätzlichen Plätze. Die Rufgeräte haben die Grösse einer Streichholzschachtel und sind für den Preis einer Langstreckenfahrkarte der VBZ – so heissen unsere Verkehrsbetriebe – zu haben. Die zweistelligen Gebietsnummern, die man in das Rufgerät tippt, kennt hier jedes Kind, und Gäste wie Sie erhalten in den Hotels Stadtplänchen mit den Nummern. Und dass die Taxenzähler für jeden Sitzplatz separat abrechnen, haben Sie sicher auch bereits bemerkt.

Richtig individualverkehrsfreundlich wurde Zürich, als um 1998 herum das Zürcher Bankenkonsortium die Zweiräderaktion startete. Bereits Mitte der 70er Jahre war eine Zürcher Bank in den Verkehrssektor eingestiegen und hatte die historische Seilbahn vom Central zu den Hochschulen vor der Stillegung bewahrt. Ende der 80er Jahre übernahm dann in ähnlich kritischer Situation das Bankenkonsortium die VBZ und verschaffte so dem öffentlichen Verkehr die heute noch wirksame solide Basis. Es war damals für jeden wirtschaftpolitisch Einsichtigen klar, dass damit der im vergangenen Jahrhundert gepflegte Gegensatz zwischen öffentlichem und individuellem Verkehr bald verschwinden dürfte.

Und prompt kam dann das Bankenkonsortium mit dieser wirklich gerissenen Idee: 25 000 elegant rot und schwarz gestrichene Militärfahrräder für damalige vier Millionen Franken wurden an den 300 wichtigsten Haltestellen von S-Bahn, Tram und Spurbus angeboten. Benutzen durfte sie, wer eine Monatskarte der VBZ besass, auswärtige Gäste mussten eine gültige Tageskarte besitzen. Die Busse für unberechtigte Benützung bestand im Kauf einer Monatsmarke. Anfangs gab es natürlich noch einige Probleme, zum Beispiel Platzmangel an den beliebtesten Haltestellen. Man musste einen nächtlichen Rückverteildienst einrichten, und hie und da verschwand auch eines der rot-schwarzen Räder. Aber die Aktion blieb ein Erfolg. Der Monatskartenabsatz der VBZ schnellte in die Höhe, und jeder, der mit dem Fahrrad unterwegs war, benützte sein Auto nicht.

Jene Aktion des Bankenkonsortiums brachte dann auch die Entwicklung in Gang, die zu den heutigen Zweirädern führte. Nicht jedermann ist sportlich, und so wurde schon recht bald der Ruf nach Motorfahrrädern laut. Das Bankenkonsortium schrieb einen Wettbewerb aus, und so kam es zur Entwicklung der Aku-Antriebe. Was für Automobile gross, schwer und aufwendig sein musste, konnte für langsame Zweiräder und für Fahrzeiten von höchstens 100 Minuten klein und handlich sein. Vor die Lenkstange gesteckt, treiben diese Aku-Elemente über eine Rolle direkt den Pneu an. Sie wurden zuerst durch die Nutzung der Bremsenergie von Bahn- und Tramzügen aufgeladen, heute durch die Verbundnetze zur Nutzung von Abwärmequellen.

Warum funktioniert heute, im Jahre 2007, der Individualverkehr besser als vor 25 Jahren? Warum war der damalige Pessimismus unberechtigt? Meines Erachtens», schliesst die Stadtpräsidentin ihre Ausführungen, «aus folgenden Gründen:

Erstens kann kein Mensch mit mehr als einem Auto gleichzeitig fahren. Der Verkehrszunahme war somit schon immer eine Grenze gesetzt.

Zweitens war das Auto, genau so wie vor ihm der Kühlschrank, für die meisten Menschen bald einmal kein Statussymbol mehr.

Drittens lernten die Menschen rasch, alles zu benützen, was ihnen die Mobilität erhält: In dünn besiedelten Gebieten das Auto, in dicht besiedelten eher das Zweirad und die Massenverkehrsmittel. Und sie akzeptierten auch Einschränkungen, wenn sie nur versprachen, die echten Mobilitätsbedürfnisse zu gewährleisten.

Und viertens hat die Erfindungsgabe der Menschen schon immer Wege gefunden, Probleme zu lösen und Bedürfnisse zu befriedigen. Das beweist der Verkehr in unseren Städten.»

■

Quellen:
Die hier vorgestellten Neuerungen sind in ihren Hauptzügen 1982 bereits erfunden. Es sind unter anderem folgende Ideen verwendet worden:

«The Restraint of Traffic in congested Areas», M. E. Beesley und G. J. Roth, 1962 (Belastungsabhängige Verkehrssteuer)

«Traffic in Towns», Reports of the Steering Group, C. Buchanan u. a., 1963 (Verkehrslenkung durch Verkehrsbeschränkung)

Referat von Herbertus Christ am Symposium des Bundes Schweizer Planer und der Vereinigung der Stadt-, Regional-und Landesplaner, Konstanz/Gottlieben 1981 (Automatische Abstandhaltung, Elektronische Verkehrslenkung)

Aktion «Weisse Fahrräder» der APO, Amsterdam, ca. 1968

«Hallo Taxi», Manfred Pfirrmann im Tages-Anzeiger-Magazin vom 14. 4. 1973 (Zusteigesystem für Taxi)

Wie das Tram von morgen aussieht

Von Prof. Heinrich Brändli,
Institut für Verkehrsplanung und Transporttechnik
der ETH Zürich,
bis 1975 Leiter der Hauptabteilung Verkehr und Betrieb
der VBZ

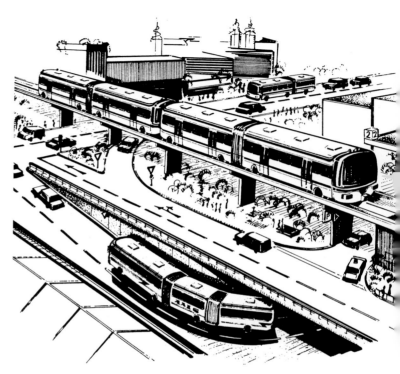

Wie wird das Tram in Zukunft aussehen? Die für Zürich wohl sicherste Antwort: blau! Allgemein gestellt und ernst genommen, zerfällt unsere Frage in zwei grundverschiedene Probleme:
1. Wie können die öffentlichen Verkehrsmittel der Zukunft aussehen, das heisst, was kann mit der heutigen Technologie erreicht werden?

2. Wie soll der öffentliche Personennahverkehr aussehen, das heisst, was brauchen wir? Technisch ist heute fast alles möglich, und oft verstellen Stichworte wie vollautomatische bedarfsgesteuerte Kabinenbahnen, Linearmotor, Magnet- oder Luftkissensysteme usw. den Blick für das Notwendige. Weil die Einführung neuer Technologien im öffentlichen Personennahverkehr aber nie zum Selbstzweck werden darf, muss die Bedürfnisfrage am Anfang jeder Diskussion stehen.
Ein grosser Teil des Gesamtverkehrs soll in Zukunft mit öffentlichen Verkehrsmitteln bewältigt werden. Da die Wahl des Verkehrsmittels aber weiterhin frei bleiben wird, muss der öffentliche Nahverkehr in Zukunft für einen grösseren Teil der Verkehrsnachfrager Vorteile bieten. Die Frage «was brauchen wir?» erhält deshalb besondere Bedeutung.
Wir wissen heute recht gut, allerdings noch immer nicht genügend genau, was der einzelne Fahrgast wünscht, nämlich ganz generell eine möglichst kurze Gesamtreisezeit vom Start- zum Zielpunkt. Angesichts der kurzen eigentlichen Fahrzeiten erhalten Fusswege zur Haltestelle sowie Warte- und Umsteigezeiten besonderes Gewicht.
Etwas detaillierter zeigen sich die Fahrgastwünsche im Nahverkehr wie folgt:
– Hohe zeitliche und örtliche Verfügbarkeit. Komponenten dieser Forderung sind ein dichter und leicht lesbarer Fahrplan

sowie kurze und bequeme Anmarschwege zu den Haltestellen.
– Hohe Zuverlässigkeit, das heisst Einhaltung der angegebenen Abfahrts- und Fahrtzeiten. Voraussetzungen sind unter anderem der von äusseren Störeinflüssen möglichst unabhängige Fahrweg (Eigentrassee, Lichtsignale mit Bevorzugung des öffentlichen Verkehrs usw.) sowie eine hochentwickelte Betriebsleittechnik.
– Hohe Beförderungsgeschwindigkeit zwischen Einsteige- und Aussteigehaltestelle. Wichtig sind hier: wenig Umsteigen, kurze Haltestellenstandzeiten (Türanordnung, Abfertigungssystem) und einmal mehr die Fahrbahnfreihaltung.

- Aus dieser Palette seien drei besonders wichtige Teilgebiete herausgegriffen:

1. Höhere örtliche und zeitliche Verfügbarkeit

Jedes öffentliche Verkehrsmittel hat einen «vernünftigen» Leistungsbereich, in dem es zuverlässig und kostengünstig arbeiten kann. Die Höchstleistung wird durch die grösste einsetzbare Fahrzeugeinheit und durch die kürzest mögliche Kursfolgezeit begrenzt. Die maximale Fahrzeuggrösse ergibt sich aus baulichen und beim Bus überdies aus gesetzlichen Einschränkungen. Die minimale Kursfolgezeit wird je nach Verkehrsmittel diktiert durch die Sicherungsanlagen (Eisenbahn), die Störungsaufschaukelung (längere Linien strassenverkehrsabhängiger Nahverkehrsmittel) oder durch den Fahrgastwechsel an den Haltestellen (U- oder Stadtbahnen).

Für den konventionellen Linienverkehr verhängnisvoll und für den Einsatz neuer Verkehrsmittel ausschlaggebend ist nun aber die Tatsache, dass es auch Mindestleistungen gibt, die nicht unterschritten werden können. Diese dem Individualverkehr völlig fremde Erscheinung ist darauf zurückzuführen, dass
- Kursfolgezeiten von 15 bis 20 Minuten aus Komfortgründen im Nahverkehr die Grenze der «Verkäuflichkeit» darstellen,
- jedes Fahrzeug mit mindestens einem Mitarbeiter der Verkehrsunternehmung besetzt ist, was jeden Kurskilometer meistens mit mehr als zwei Franken belastet. Um mit der Verkehrsleistungseinheit «Personenkilometer» nicht in den Aufwandbereich der Taxis zu kommen, sollte die minimale Durchschnittsbesetzung etwa bei zehn Personen liegen.
Die kleinsten Linienbetriebsfahrzeuge umfassen deshalb etwa 30 Plätze.

Wir stehen hier vor einer eigentlichen Schicksalsfrage des öffentlichen Verkehrs: Einerseits ist der öffentliche Linienbetrieb bei schwacher Nachfrage (Vorortsgebiete, Spätverkehr) weder existenz- noch wettbewerbsfähig. Anderseits bewirkt eine sinkende Nachfrage – sehr im Gegensatz zum Privatverkehr – auch eine sinkende Angebotsqualität, was die Wettbewerbsfähigkeit des öffentlichen Verkehrs noch einmal vermindert. Ein perfekter Teufelskreis! Er kann nur durch-

brochen werden, wenn nicht mehr nach einem vorgegebenen Fahrplan gefahren wird, sondern nur dann und dort, wo es tatsächlich gewünscht wird. Ähnlich wie beim Taxi muss der Fahrgast seinen Fahrtwunsch anmelden, wobei auch Daueraufträge möglich sind. Anders als beim Taxi nimmt der Kleinbus jedoch verschiedene Fahrwünsche auf, wodurch Zwischenhalte und Umwege entstehen können. Von diesem Bedarfsbussystem sind unzählige Betriebs- und Angebotsvarianten denkbar. Beispiele solcher unkonventioneller, rechnerdisponierter Systeme laufen in Friedrichshafen und in Wunsdorf bei Hannover im Probebetrieb. Mögliche Angebotsformen für schweizerische Verhältnisse werden zurzeit im Rahmen eines Forschungsauftrages an der ETH Zürich erarbeitet.

Für Zürich mit seinem sehr gut ausgebauten Netz hat der Bedarfsbetrieb höchstens untergeordnete Bedeutung. Dafür müssen wir uns noch vermehrt bemühen, bei gegebenem Aufwand Fahrplan und Haltestellenanordnung den Kundenwünschen anzupassen.

2. Störungsfreie, eigene Fahrbahnen

Bei S- und U-Bahnen ist das Eigentrassee selbstverständlich. Solche Fahrbahnen sind aber sehr teuer und deshalb nur bei grosser Nachfrage vertretbar. Wir brauchen aber eigene Fahrbahnen und damit höhere Beförderungsgeschwindigkeit und Zuverlässigkeit auch für mittlere und kleinere Nachfragemengen. Dieses Vorhaben scheiterte bisher stets an den sehr hohen Baukosten unterirdischer Schienenstrassen oder an der Unverträglichkeit aufgeständerter Schienen- oder Strassenfahrbahnen mit dem Erscheinungsbild unserer historisch gewachsenen Städte. Mit Kleinprofilsystemen und sogenannten Einschienenbahnen mit Balken- oder Seilfahrbahn können aber die Kosten gesenkt und die optischen Beeinträchtigungen vermindert werden. Solche vor allem baulich unkonventionellen Entwicklungen sind in der Schweiz die Minirails und der Aerobus, in der Bundesrepublik die H- und M-Bahnen. Da alle diese Systeme durchgehend über ein Eigentrassee verfügen müssen, eignen sie sich vorzüglich für den automatischen, personallosen Betrieb, erfordern jedoch

auch in den äussersten Netzverästelungen relativ hohe Investitionen.

Diese Entwicklungen haben auch in Zürich teilweise durchaus eine Chance. Eine noch weitergehende Bevorzugung von Tram und Bus im Strassenverkehr verliert deshalb trotzdem nichts an Dringlichkeit.

Möglichst wenig Umsteigen

Dieser Wunsch darf nicht für sich allein betrachtet werden. Bei gleichbleibendem Aufwand führen Direktbusse oder Zusatzlinien zu schlechteren, das heisst lockeren Fahrplänen auf den einzelnen Linien, was ebenfalls wettbewerbsfeindlich ist. Umsteigen lässt sich im Linienbetriebssystem nicht vermeiden. Bei mehrstufig gegliederten Netzen, zum Beispiel S-Bahn/Strassenbahn/Bus, sollte sich aber das Umsteigen für die Fahrt zur City auf den Verkehrsmittelwechsel an gut ausgebauten Umsteigestellen beschränken.

Bereits mittelgrosse Städte ab etwa 200 000 Einwohnern betreiben meist ein leistungsfähiges, zugsbildendes Schienennetz im Zentrum und auf den Hauptradialen, während für Tangentialverbindungen und Zubringeraufgaben der Bus eingesetzt wird. Dadurch entstehen zahlreiche Umsteigenotwendigkeiten.

Eine faszinierende Neuerung ist eine Variante des Dualmode-Systems. Dabei gelangt in den Aussenbereichen und zur Feinerschliessung der konventionelle Bus auf normalen Strassen zum Einsatz. Im Bereich hoher Konzentration wird der Bus auf eigener Fahrbahn automatisch quergeführt und längsgeregelt. So kann auf diesen Strecken auf Fahrpersonal verzichtet und mit geeigneter Abstandsregelung sogar eine «elektronische Zugsbildung» erreicht werden.

Auf diese Weise lassen sich die Vorteile ein- und zweistufiger Netze kombinieren, ohne gleichzeitig ihre Nachteile zu übernehmen. Komponenten solcher Systeme befinden sich zumindest im Probeeinsatz, so die mechanische oder elektronische Querführung und der alternative Oberleitungs-/Dieselbetrieb.

Auch in diesem Bereich müssen wir mit unserem Tram-/Busnetz nicht untätig zuschauen. Die Konzentration der

Umsteiger auf gut ausgebaute Punkte und die Vermeidung unnötiger Umsteigebewegungen (wie zum Beispiel heute noch am Mattenhof) mögen als Stichworte genügen.

Zusammenfassend lässt sich feststellen, dass unsere herkömmlichen Verkehrsmittel gar nicht so schlecht sind, wie wir sie gelegentlich machen,

es nicht so wichtig ist, wie Neuerungen aussehen, sondern ob sie den Fahrgastwünschen besser entsprechen, die neuen Verkehrsmittel oder Komponenten die herkömmlichen, altbewährten Verkehrsmittel nicht ersetzen, sondern auf höchst willkommene Weise die Palette möglicher Angebote im öffentlichen Verkehr vergrössern und es erlauben, bestehende Angebotslücken zu schliessen.

Die Zukunft des Züri-Trams

Vor allem: Es wird weiterhin bestehen und seine Bedeutung sogar noch steigern. Das «Tram 2000» ist in jeder Beziehung, vor allem auch hinsichtlich der Türanordnung, etwas vom Besten, was es überhaupt gibt. Beim Rollmaterial sind deshalb keine spektakulären Änderungen zu erwarten. Der Beschaffungsstopp der letzten Jahre lässt aber den Ersatzbedarfsdruck langsam unangenehm werden.

Beim Einsatz von Tram und Bus sind aber Neuerungen nicht nur möglich, sondern auch nötig. Dazu nochmals einige Stichworte:

Fahrplan- und Intervallkonzept zur Optimierung von Betriebsaufwand und Wartezeiten.

Anschlusskonzept zur Minimierung von Umsteigeranteil und Umsteigezeiten.

Netz- und Linienkonzept, abgestützt auf S-Bahn und Verlängerung SZU.

Noch systematischere Freihaltung der Fahrwege durch Eigentrassees und geeignete Lichtsignalbeeinflussung.

Höhere Widerstandsfähigkeit gegenüber Fahrplanabweichungen dank Betriebslenkung und verbesserten Sollvorgaben.

Das alles klingt unter dem Titel «öffentliche Verkehrsmittel der Zukunft» wenig sensationell. Wir tun aber gut daran, auf das Gute nicht mit der Aussicht auf vermeintlich Besseres zu verzichten.

1973 lehnen die Zürcher den Bau einer U-Bahn Kloten–Hauptbahnhof–Schlieren deutlich ab (s. Kap. «Ausgeträumte U- und Tiefbahnträume»). Rund zwanzig Jahre hinter der Raumerschliessung herhinkend, verbessern sich die Verkehrsverhältnisse in Zürich-Nord: Affoltern erhält 1974 eine leistungsfähige Trolleybusverbindung zum Bucheggplatz, dasselbe ist nach Abschluss von Bauarbeiten am Verkehrsnetz für Oerlikon und Schwamendingen vorgesehen.

Am Beispiel der Grünau wird in Zürich erstmals vorbildliche Verkehrspolitik betrieben: Gleichzeitig mit der Fertigstellung der dortigen Grossüberbauung nehmen die VBZ Ende 1976 eine Verlängerung der Tramlinie 4 bis zum Werdhölzli in Betrieb.

1980 wird mit dem Bau einer Tramlinie nach Schwamendingen begonnen (s. Kapitel «Ausgeträumte U- und Tiefbahnträume».

1981 stimmen die Stimmbürger des Kantons Zürich einem Kantonsbeitrag von 523 Millionen Franken an den Bau einer neuen, 11 km langen SBB-Strecke zu, mit der die Voraussetzungen für die Verwirklichung eines 365 km langen S-Bahn-Netzes geschaffen werden sollen. Durch neue Durchmesserlinien wird so das Tramnetz ab etwa 1990 als bisheriges Hauptverkehrsmittel über längere innerstädtische Distanzen wesentlich entlastet werden.

Die Zürcher S-Bahn:
Ein erster Schritt zu einem öffentlichen Verkehrsnetz der Zukunft

Am 29. November 1981 haben die Stimmbürger des Kantons Zürich mit 209 000 Ja gegen 74 000 Nein einer S-Bahn-Vorlage klar zugestimmt. Konkret ging es um einen Kantonsbeitrag von 523 Millionen Franken an den Bau einer neuen, 11 km langen SBB-Strecke, mit der die Voraussetzungen für die Verwirklichung eines 365 km langen S-Bahn-Netzes geschaffen werden sollen.

Diese Neubaustrecke umfasst: einen viergleisigen unterirdischen Durchgangsbahnhof neben dem Zürcher Hauptbahnhof, eine doppelspurige, unterirdische Verbindung zum Bahnhof Stadelhofen, der auf drei Geleise mit 300 m langen Perrons erweitert wird, sowie den 4,6 km langen, doppelspurigen Zürichbergtunnel und dessen Anschluss an die bestehenden Bahnlinien nach Winterthur und Wetzikon.

Nach Abschluss der Bauarbeiten wird etwa 1990 ein 365 km langes S-Bahn-Netz in Betrieb genommen werden, das ausser dem neu erstellten Kernstück aus bisherigen SBB-Linien bestehen wird. Es wird dichtere Zugfolgen im Halbstundentakt, neue Direktverbindungen und kürzere Fahrzeiten ermöglichen und so das Grundangebot in einem grossen Teil des Kantons entscheidend verbessern. Zwei Zahlen mögen dies belegen: Während beim Fahrplankonzept 1982 unter Ausnutzung aller Möglichkeiten im Zürcher Hauptbahnhof pro Tag rund 540 Nahverkehrszüge ein- und ausfahren, sind

im S-Bahn-Konzept etwa 1100 vorgesehen!

Obwohl die Hauptaufgabe der S-Bahn in der Groberschliessung der zürcherischen Regionen und in der Direkterschliessung stadtzürcherischer Schwerpunkte von aussen her liegt, ergeben sich auch für den innerstädtischen Verkehr bedeutende Vorteile. Von den vierzehn S-Bahn-Linien, die den Hauptbahnhof erreichen, werden zehn zu Durchmesserlinien verbunden, die neue und schnelle Direktverbindungen ermöglichen. So werden etwa im Berufsverkehr die Direktstrecken Oerlikon–

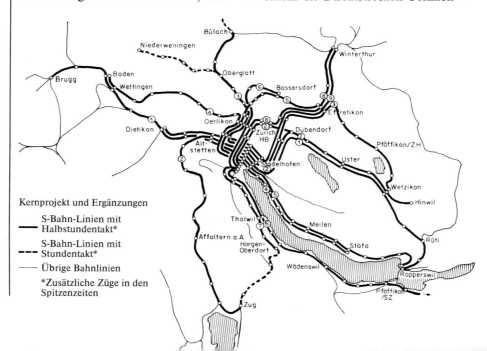

Kernprojekt und Ergänzungen

——— S-Bahn-Linien mit Halbstundentakt*

- - - S-Bahn-Linien mit Stundentakt*

——— Übrige Bahnlinien

*Zusätzliche Züge in den Spitzenzeiten

Altstetten in sechs, Tiefenbrunnen–Oerlikon in fünfzehn und Altstetten–Stadelhofen in neun Minuten zurückgelegt werden können.

Die Bündelung der verschiedenen S-Bahn-Linien steigert überdies für die wichtigsten Stadtbahnhöfe die Zahl der Fahrgelegenheiten zum Hauptbahnhof. Eine weitere Verbesserung wird die für den gleichen Zeitraum geplante Verlängerung der Sihltal-Zürich-Üetlibergbahn (SZU) zum Hauptbahnhof bringen. Durch die Schaffung attraktiver S-Bahn-Verbindungen zwischen innerstädtischen Schwerpunkten wird sicher eine gewisse Verkehrsverlagerung zuungunsten der VBZ eintreten. Untersuchungen haben aber ergeben, dass trotz S-Bahn und SZU-Verlängerung keine VBZ-Linien eingestellt werden können und dass auch das Fahrplanangebot mit grosser Wahrscheinlichkeit beibehalten werden muss. Andrerseits wird den VBZ auf den bereits heute in Spitzenzeiten überlasteten Linien eine Entlastung sehr gelegen kommen.

Alles in allem aber werden S-Bahn und SZU-Verlängerung für die VBZ keine tiefgreifenden Änderungen zur Folge haben, weder in verkehrswirtschaftlicher noch in verkehrsplanerischer oder gar in betrieblicher Hinsicht. Das Tramnetz wird generell auf das Stadtgebiet begrenzt bleiben und auch in Zukunft die Hauptlast des innerstädtischen Verkehrs zu tragen haben. Das Tram ist ein Massenverkehrsmittel, wie es eine Stadt von der Grösse Zürichs unbedingt braucht, und zwar um so mehr, als das Zürchervolk ja ausdrücklich auf den Bau einer U-Bahn verzichtet hat.

In einem Punkt allerdings wird, oder besser muss die Zukunft auch den VBZ grundsätzliches Neues bringen. Die mit der S-Bahn angestrebten Verbesserungen werden sicher nur dann voll zum Tragen kommen, wenn es gelingt, sie auch tariflich attraktiv zu machen. Das aber setzt die Schaffung eines Tarifverbundes voraus, der SBB, VBZ, SZU, Forchbahn sowie regionale Verkehrsbetriebe und PTT-Linien umfasst.

Der Fahrgast muss die Möglichkeit haben, mit einem einzigen Fahrausweis die für ihn günstigste und schnellste Fahrstrecke zu wählen und unbekümmert um die Trägerschaft von einem Verkehrsmittel zum andern wechseln zu können. Dazu aber meinte der Zürcher Stadtrat in der Beantwortung einer Interpellation von Gemeinderat Werner Aebli bereits am 12. Juni 1981 prophetisch: «Es wäre verfehlt, sich diesbezüglich Illusionen hinzugeben: Der Weg zu einem umfassenden Tarifverbund in der Region Zürich dürfte noch lang und steinig sein.

Die Schaffung eines Tarifverbundes setzt ein gemeinsames Tarifsystem und vor allem auch eine gemeinsame Tarifpolitik voraus. Für die absolute Tarifautonomie, an der teilweise noch krampfhaft festgehalten wird, ist in einem Verbundsystem kein Raum. Zahlreiche weitere Hindernisse gilt es zu nehmen, wie zum Beispiel die Einigung über Tarifzonen, Tarifstrecken, Einnahmezuscheidung, Entwertungssystem, Defizitdeckung und vieles mehr.»

Zürich in hundert Jahren

Von Gerhard B. Sidler, Stadtplaner der Stadt Zürich

Wird es in hundert Jahren auf einer Landkarte noch eine Ortsbezeichnung «Zürich» geben? Wird die Limmat in einem Jahrhundert noch durch Gebiet fliessen, das die Menschen «Stadt» nennen? Werden in den Schulbüchern des Jahres 2082 die Zürcher Altstadt und der Stadtkreis 1 nur noch zusammen mit den römischen Ausgrabungen von Vindonissa und den Erkenntnissen über die Pfahlbauer bei Ueberlingen beschrieben?

Die Vergangenheit lehrt, dass wenig Bestand hat, aber vieles sich verändert.

Das frühe Zürich mit Lindenhof, Weinplatz und Flussübergang war geprägt durch die Verkehrswege und ihre stützpunktartige Sicherung im Bereich der mittelalterlichen Siedlung beidseits der Limmat. Während vier Jahrhunderten veränderte sich das Stadtbild kaum. Erst im 17. Jahrhundert, am Ende des Dreissigjährigen Krieges, wird das Areal um das Doppelte ausgeweitet und mit einem Befestigungsgürtel umgeben. Die barocke Stadt erreichte 10 000 Einwohner.

Um 1830 wurden diese Stadtbefestigungen abgetragen. Auf den umliegenden Hängen entstanden Wohnhäuser, die Bevölkerungszahl stieg. Seit 1835 fuhren regelmässig Dampfschiffe auf dem Zürichsee; Eisenbahnen wurden gebaut, zuerst nach Baden, dann am rechten Seeufer. Der Trambetrieb wird aufgenommen. Am Ende des Jahrhunderts zählt die alte Stadt 28 000 Einwohner, die neuen Quartiere Wollishofen, Enge, Wiedikon, Aussersihl, Wipkingen, Fluntern, Unterstrass, Oberstrass, Hottingen, Riesbach und Hirslanden sogar 93 000.

Im Jahre 1934 wurde das Stadtgebiet von Zürich nochmals erweitert. Die politische Grenze war der gewachsenen Stadt anzupassen. Dennoch vergrösserte sich Zürich weiter. Gegenwärtig wohnt die Hälfte der 700 000 Einwohner der Agglomeration Zürich ausserhalb der Stadtgrenze. Es ist vorauszusehen, dass auch in Zukunft, wer eine neue Wohnung sucht oder ein Einfamilienhaus bewohnen möchte, sein Ziel etwas weiter draussen erst finden kann. Diese Bewohner bleiben aber über zahlreiche Kontakte mit der alten Stadt

verbunden. Der Zug aufs Land vergrössert das Siedlungsgebiet; die offene Landschaft weicht zurück.

In den inneren Stadtquartieren geht die Einwohnerzahl zurück. Hatte um 1960 die Stadt noch über 440 000 Einwohner, so sind es zwanzig Jahre später 60 000 weniger. Wer hier aufgewachsen ist, kennt diese Vorgänge. Die Grosseltern wohnten zum Beispiel in Aussersihl oder Unterstrass, die Eltern zogen an den Friesenberg oder nach Schwamendingen, die Kinder gründeten einen Haushalt in Wettswil oder Effretikon. Die Generationen wandern aus der Stadt hinaus; zurück bleiben Alte, Alleinstehende. Die grossen Wohnungen und die alten Villen sind von weniger Personen bewohnt als früher.

Die Gebäude in den verschiedenen Quartieren sind unterschiedlichen Alters. Die Bauten jeder Epoche zeichnen sich durch besondere Merkmale aus; die älteren haben zum Beispiel noch Einzelofenheizung, keine Badezimmer; bei noch älteren sind die Toiletten ausserhalb der Wohnungstür über das Treppenhauspodest zugänglich. In Neubauten sind die Geschosshöhen ökonomisch niedrig, dafür die Wohnräume grösser, zum Komfort gehören Cheminée, Tiefkühlschrank und Garage. Um solchen Ansprüchen zu genügen, werden alte Häuser umgebaut, renoviert oder durch moderne Neubauten ersetzt. Zürich ist ja nicht Venedig, wo alles wie ein Denkmal erhalten bleiben soll.

In einer lebendigen Stadt verändern sich aber auch die Strassen. Während vor über fünfzig Jahren im Winter beim ersten Schneefall die Schlittelstrassen für Fahrzeuge gesperrt wurden, wird heute in Zürich aus einzelnen Wohnstrassen der Fremdverkehr verbannt. Der grosse Autoverkehr gehört auf die Hauptstrassen, im Wohnquartier fährt man zurückhaltend und erhöht damit die Lebensqualität.

Nicht nur Zürich mit seinen Häusern und Strassen hat sich verändert, nicht nur hat sich die Bevölkerung in Zahl und Zusammensetzung gewandelt, auch das Leben in dieser Stadt unterlag tiefgreifendem Wechsel. Bis nach dem Zweiten Weltkrieg wurde noch an jedem Samstag bis zum Mittagessen gearbeitet. Die tägliche Mittagspause von zwölf bis zwei Uhr war fester Bestandteil des Familienlebens. Abendveranstaltungen begannen einheitlich um acht Uhr. Die rasch zunehmende Platznot in Tram und Bus während der sprichwörtlichen Stosszeiten führten zu den Postulaten der englischen Arbeitszeit und der gestaffelten Präsenzzeit. Heute, nach zwei Jahrzehnten Erfahrung und Angewöhnung (ohne Mittagsruhe und ohne Mittagsschlaf), kann sich nur eine ständig kleiner werdende Generation an die gute alte Zeit erinnern. Das Eindringen des Fernsehens in jeden Haushalt trug ein mehreres dazu bei, dass von einem kollektiven Stadtleben am Abend oft wenig zu finden ist.

Jeder Versuch nun, mit diesen uns aus der Vergangenheit bekannten Veränderungen eine Zukunft abzubilden, die entweder erwünscht ist oder zumindest als nicht abwendbar erscheint, muss scheitern, weil in einem durchlebten Jahrhundert zu viele Unbekannte neu wirksam werden, während sich Erwartetes lautlos in nichts auflöst. So mögen denn statt Prophetie zwei unterschiedliche Überlegungen zur Zukunft der städtischen Lebensformen genügen.

Die Stadt war immer eine Antwort auf die Mobilitätsfrage des Menschen. Durch das Zusammenrücken in Form einer städtischen Siedlung wurde der Verkehrsaufwand für die Kommunikation zwischen Menschen verkleinert. Anders ausgedrückt: Die Menschen in der Stadt konnten sich mit dem gleichen Aufwand mehr Kommunikation leisten. Für die Beurteilung der Zukunft ist daher wichtig, ob unsere Nachkommen mobiler oder eher sesshafter sein werden.

Die Stadt besteht aus Gebäuden und Verkehrskanälen. Sie ist aber zudem vielleicht primär ein grosses, komplexes soziales Gebilde aus einer Vielzahl sozialer Einzelelemente, die zueinander in unterschiedlichsten Beziehungen stehen. Man hat in diesem Zusammenhang von sozialer Distanz gesprochen. Veränderungen dieser Distanzen ergeben andere Strukturen. Dabei muss sich die gebaute Stadt zunächst gar nicht verändern. Es ist denkbar, dass Äusserliches noch lange Zeit bewahrt bleibt, das Zusammenleben oder auch Nebeneinanderleben der Menschen aber ganz neue Formen annimmt.

An ein Zürich in hundert Jahren sind aus unserer Sicht vielleicht nur zwei Hoffnungen zu knüpfen, die sich in ihrer Gegensätzlichkeit verbinden mögen. Zunächst sollen jene zukünftigen Bewohner als Teil ihres Heimatgefühls erahnen können, wie die Stadt der Vorfahren beschaffen war. Sie werden zu diesem Erbgut andere Beziehungen haben, als wir sie uns heute vorstellen können. Sie werden sie aber brauchen als Lebenswurzeln, um daraus die Kraft zu ziehen, ihr eigenes Dasein zu begreifen.

Das neue Zürich soll aber ebenso die Möglichkeit freihalten, dass jene Generation die ihr gemässe Zukunft selbst formen kann. Die Stadt soll der Freiraum bleiben, aus dem heraus Initiativen entstehen und Phantasien zur Verbesserung der Zukunft wachsen.

Die Zürcher und ihre Züri-Linie

Jung und alt, Schulklassen und Gruppen, Firmen und Institutionen, Liebhaber und Profis und natürlich alle Tramfans wurden schon ein Jahr vor dem eigentlichen Jubiläumstag aufgerufen, sich am Wettbewerb zum Thema «Tram» zu beteiligen. Es kann nicht nur am ersten Preis – einem ausgewachsenen Vierachser-Motorwagen mit über 1,6 Millionen Kilometern auf dem Buckel – gelegen haben, dass so viele Zürcher und Heimwehzürcher zu Schreibmaschine, Pinsel, Leimtopf und Fotoapparat griffen. Über 1500 Arbeiten gingen ein, verteilt auf zwölf Themen. Einige davon können auf den folgenden Seiten vorgestellt werden und sollen beweisen, wieviel an Ideen, Arbeit und Freude ins blau-weisse Züri-Tram investiert worden sind.

Harry Keller, Zürich
(Kat. Kinder)

Tramba

Ein Tanz zum 100jährigen Bestehen des Züri-Trams
Von Hanspeter Frei, Oetwil am See (Kat. Erwachsene)

Der Original-TRAMBA besteht aus folgenden vier Elementen:

(1) Kurvenfahrt

(2) Fahrt auf gerader Strecke

(3) Fahrt über Weiche/Kreuzung

(4) Halten/Anfahren bei Haltestelle/Lichtsignal u.ä.

Mit diesen vier Elementen ist es möglich, jede Strecke abzutanzen. Diese werden einfach entsprechend aneinander gereiht.

Ein Beispiel

für die Fahrt mit der Linie 4 vom Bellevue zum Helmhaus sieht die Schrittfolge wie folgt aus:

Wie lange eine Phase zwischen den einzelnen Schritt-folgen dauert ist egal. Vielmehr soll der Tanzende die Länge einer solchen Phase dem eigenen Empfinden entsprechend bestimmen können und vielleicht sogar auch einmal eine Kurve verfehlen. Er soll den Plausch haben. Um diesen Plausch noch zu vergrössern, können zwischen diesen vier Elementen selbstverständlich noch weitere, selbst kreierte Teile wie z.B. eine Vollbremsung eingebaut werden. Sie sind jedoch wie schon erwähnt nicht Gegenstand des Original-TRAMBA.

Schrittfolgen
1 Kurvenfahrt

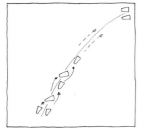

Beim Schritt Kurvenfahrt wird z.B. bei einer Rechts-kurve (Darstellung) der linke Fuss schräg vor den rechten Fuss gesetzt, der dann seinerseits mit einer leichten Schwingbewegung vor den linken Fuss zu stehen kommt. Bei einer Linkskurve spielt sich der Vorgang umgekehrt ab.

2 Fahrt auf
gerader Strecke

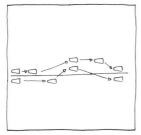

Da eine Fahrt auf gerader Strecke manchmal eben doch nicht ganz gerade läuft, ist dieser Schritt im speziellen durch Seiten-schritte charakterisiert. Diese können mehrmals zur gleichen Seite oder wechsel-seitig getanzt werden.

3 Fahrt über
Weiche/Kreuzung

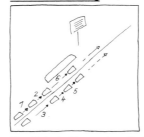

Die Fahrt über eine Weiche oder Kreuzung hat immer ein gewisses Rumpeln zur Folge. Dieses Rumpeln wird so symbolisiert, dass mit ge-schlossenen Füssen in leichter Hocke ein Hüpf-sprung, gefolgt von drei Schritten und einem Hüpf-sprung, ausgeführt wird.

4 Halten/Anfahren bei
Haltestelle/Lichtsignal u.ä.

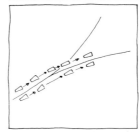

Auch bei schönen Fahrten ist das Bremsen bzw. Be-schleunigen immer mehr oder weniger spürbar. Dies soll getanzt werden, indem mit dem einen Bein gleich zwei Schritte vorwärts gemacht werden und das andere Bein in einem grossen Schritt nachgezogen wird.

Modellbau

Anton Klaus, Wila
(Kat. Erwachsene)

Franco Richner, Rüschlikon
(Kat. Erwachsene)

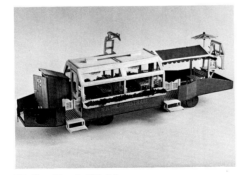

Stefan Geel, Zürich
(Kat. Jugendliche)

Richard Gerbig, Zürich
(Kat. Erwachsene)

Birgit Lange, Susi Pauli und
Christine Wassmer, Zürich (Kat. Kinder)

Hans-Christian Wepfer,
Kreuzlingen

Pierre Montevecchi,
Zürich

Hansjörg Fitzi,
Meilen

Bernhard Dittli,
Zürich

Brigitte Roten,
Zürich

Joseph von Mentlen,
Zollikofen

Beat Flückiger,
Dietlikon

Fritz Harlacher,
Zürich

Beat Flückiger,
Dietlikon

Karikatram

Andreas Gossweiler, Zürich
(Kat. Jugendliche)

Fahrt nach Utopia

Unterirdische Kugeln

Im Jahre 2082 gibt es auf der Erdoberfläche nur noch Rad- und Fusswege. Die kugelförmigen Kabinen des öffentlichen Verkehrsmittels gleiten unterirdisch auf einem Magnetkissen. Fahrzielprogrammierung und Taxabrechnung geschehen mittels Computer. Die Energieversorgung beruht auf Atom- und Sonnenenergie.

Von Philipp Schaller, Steinhausen (Kat. Jugendliche)

Innenansicht einer Einzelkabine

1) Bordkomputer
2) Lautsprecher
3) Leselektüre (Zeitungen, usw.)
4) Fernseher

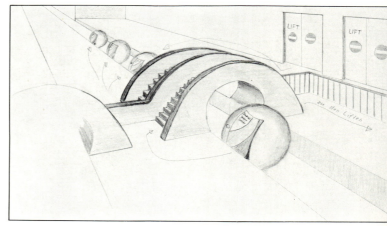

Unterirdischer Bahnhof

Züri-Güter-Linie

Diversifikation der VBZ-Züri-Linie in den Güterbereich. Gewinnträchtiger Einsatz älterer Fahrzeuge. Umweltfreundliche Alternative zu schweren Lastwagen.

Von Peter Irniger, Zürich (Kat. Erwachsene)

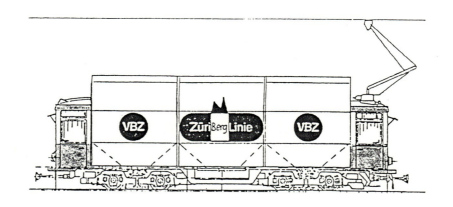

Verkehrskonzept

«Tram Hallenstadion»

Von Victor Z'berg, Zürich,
und Marco Ghielmetti, Winterthur (Kat. Profis)
Die Verfasser schlagen vor, das Hallenstadion in Oerlikon und
das umliegende Messegelände mit einer eigenen Strassen-
bahnlinie zu erschliessen. Damit soll die heute unbefrie-
digende Situation – Fachausstellungen, Konzerte, Sportver-
anstaltungen und weitere Anlässe sind vom öffentlichen Verkehrsmittel her nur mit umständlichem Umsteigen oder nach

einem Fussmarsch von 0,5 km Länge erreichbar – gründlich
saniert werden.
Die vier vorgeschlagenen Varianten zeichnen sich dadurch
aus, dass die Gleise weitgehend auf Eigentrassee oder in
verkehrsarmen Nebenstrassen verlaufen. Allen Vorschlägen
gemeinsam ist, dass bei Veranstaltungen die Endhaltestelle
der Tramlinie 7 vom Bahnhof Oerlikon zum Hallenstadion
verlegt wird. Bei Grossveranstaltungen sollen Einsatzzüge
geführt werden.

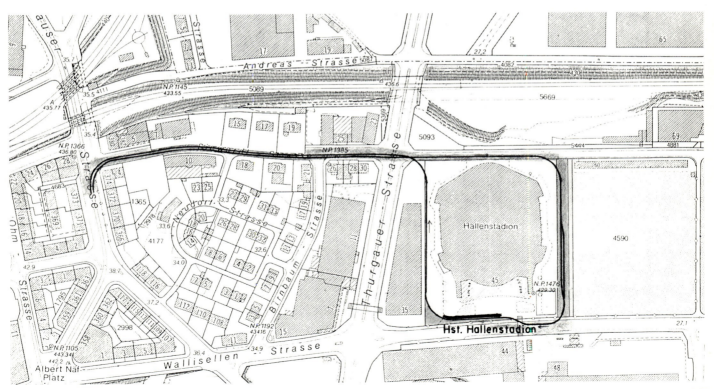

Linienpoesie

Die Grün-Fee

Es war einmal eine Grün-Fee. Sie besuchte eines Tages auch Zürich. Am Bahnhof stieg sie in ein schönes blaues Züri-Tram. Nach einem Weilchen zückte sie den Zauberstab und sagte: „Simsalabim!"... und siehe da, die Züri-Trams waren plötzlich grün!

„Nein, nein, nein..." riefen der Wagenführer und die Passagiere entsetzt und rauften sich die Haare.

„Bitte, liebe Fee, gib uns das Züri-Blau zurück! Wir sind doch hier nicht in Basel!"

Die Fee sah das ein und machte die Züri-Trams wieder blau.

„Mach etwas Grün zwischen den Gleisen!" sagte ein kleines Mädchen zur Fee. Denn das Tram fuhr gerade auf einem Stück, wo es ganz alleine fahren konnte und ihm die Autos nicht in die Quere kamen.

So blühte plötzlich ein schöner Naturgarten zwischen und neben den Gleisen. Und die Vögel gaben zwitschernd die freudige Nachricht an die andern Tiere weiter, bis es die hinterste und letzte Meise wusste.

Die Gänseblümchen und die andern Blumen erfuhren es von den Bienen, und so grünte und blühte es bald, dass es eine Freude war.

Doch plötzlich stoppte das Tram stark.

„Was ist denn das!!" rief die Fee und rieb sich die Nase, die sie beim raschen Stopp ein bisschen angeschlagen hatte.

„Das Signal hat gerade auf Rot gewechselt!" belehrte sie ein netter Herr. „Jetzt kommen zuerst die Autos von rechts dran.

„Simsalabim... mach grün, mach grün!!" rief die Fee und hob den Zauberstab.

„Ich möchte, dass das Tram zufahren kann und nicht auf die Autos warten muss."

Und so geschah es. Und die Leute entdeckten, dass sie mit dem Tram schneller und bequemer in die Stadt fahren konnten und liessen ihre Blechtruckli zuhause.

Einige entdeckten, dass Tramfahren sogar lustig sein konnte. Sie fingen einfach so an, mit den Nachbarn im Tram zu plaudern, und es gab viele Ueberraschungen und fröhliche Gesichter.

Auch die Politessen und Polizisten wollten zur guten Laune beitragen und winkten das Tram rasch durch.

Das war das Märchen von der Grün-Fee... und wer weiss, vielleicht wird die Geschichte mal Wirklichkeit!

2. Klasse Schulhaus Entlisberg
(Kat. Kinder)

Tramwitze

Miis Tram
Von Fritz König, Zürich
(Kat. Erwachsene)

Wänn miis Tram es Maitli wär,
so mit gschnälle Schine,
vorne liits i d Kurve ine,
bimbelet und schwankt dänn hine...
wänn miis Tram es Maitli wär.

Wil miis Tram es Maitli isch
und uf gschnälle Schine,
far ich vorne oder hine
jede Tag uf Züri ine...
wil miis Tram es Maitli isch.

Und es bimbeled bim-bam,
s Maitli, iich und s Züri-Tram.

Gedicht für das «Trambuch»
Von Loni Niederer-Nelken, Zürich
(Kat. Erwachsene)

Es war einmal ein Züri-Tram,
das wollte gern nach Amsterdam,
drum fuhr es stracks nach Norden.
Am Milchbuck war ein grosses Loch,
es fiel hinein und steckt dort noch;
was ist aus ihm geworden?

Es übt sich in Bescheidenheit:
Der Weg nach Holland ist zu weit,
das Glück kann man nicht zwingen.
Und darum fährt das Züri-Tram
noch nicht so bald bis Amsterdam,
doch bald bis Schwamendingen.

Ein junger Basler sieht erstmals ein Züri-Tram, und zwar «14 – Triemli». «Typisch Zircher», findet er kopfschüttelnd, «nit emol Trämli kenne si richtig schrybe!»

Jürg Unholz, Zürich
(Kat. Erwachsene)

En Metzger seit im Tram zum Kondukteur: «Scho wider hend Iir ufgschlage bim Tram, und mir verchaufet d Serwela immer no glich tür.» De Kondukteur seit zum Metzger: «Ja wüsset Si, mir chönet s Tram nit guet chliner mache!»

Ernst Brechbühl, Zürich
(Kat. Erwachsene)

Kurzkrimi «Achtung Kontrolleur»

Geräusche und Anmerkungen

Im fahrenden Tram wird die nächste Haltestelle angesagt.

Die Türen öffnen sich. Ein Kontrolleur in Zivil steigt ein. Die Türen schliessen sich.

Das Tram fährt ab.

Text

K: Bitte alli Billet vorwiise...Danke... Merci...Danke...Ja, isch guet... Bitte d'Billet vorwiise...Danke...

Dörft ich au ihres Billet gseh?..

F: Ich ha e keis!

K: I dem Fall choschtet's zwänzg Franke. Wänn sie's grad zalled, muess ich ihre Name und ihri Adrässe nöd notiere.

F: Ja demfall...da sind diä zwänzg Schtuz...

K: Bitte d'Billet vorwiise...

Geräusche und Anmerkungen

Der Schwarzfahrer bezahlt die Busse und der Kontrolleur setzt seinen Kontrollgang fort.

Die nächste Haltestelle wird angesagt. Die Türen öffnen sich. Der Kontrolleur steigt aus. Das Tram fährt ab.

Text

L: Durchsage der Leitstelle:

Verehrte Fahrgäste. Wir möchten sie vor einem raffinierten Betrüger warnen, der sich als Kontrolleur in Zivil ausgibt. Lassen sie sich in ihrem Interesse immer den Ausweis des Kontrolleurs zeigen, bevor sie ein Busse bezahlen. Ich wiederhole: Ein Falschkontrolleur ist unterwegs, halten sie die Augen offen und bezahlen sie auf keinen Fall eine Busse wegen Schwarzfahrens, bevor sie nicht den Ausweis der Kontrollperson kontrolliert haben.

Legende:

K: Kontrolleur in Zivil
F: Fahrgast ohne Billet
L: Leitstelle

Urs Muntwyler, Zürich
(Kat. Erwachsene)

Nostalgie

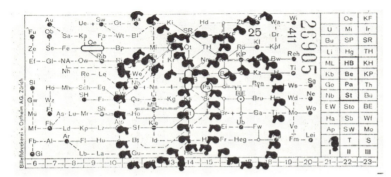

Aufgestöbert von Lore Zryd,
Zürich

Aufgestöbert von Jürg Hassler,
Küsnacht ZH

Aufgestöbert von Marie Nyffeler,
Zürich

Aufgestöbert von Jürg Hassler,
Küsnacht ZH

Karikatram

Andreas Erni, Esslingen
(Kat. Erwachsene)

152

Rapallo, Horgen
(Kat. Profis, Workshop)

UP. Haegler, Zürich
(Kat. Profis, Workshop)

Fotowettbewerb

Edith Alder,
Wallisellen

Heinz Unger,
Zürich

Martin Schatzmann,
Kloten

R. Koller,
Zürich

Jürg Rathgeb,
Schlieren

F. Häberli,
Zürich

Früher – heute

Alfred Utzinger,
Zürich

Ralf Freund,
Küsnacht ZH

Ralf Freund,
Küsnacht ZH

Künstler sehen das Züri-Tram

Stefan Sandhofer, Zürich
(Kat. Jugendliche)

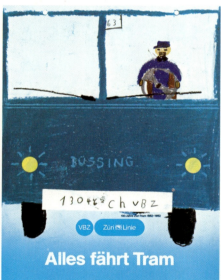

Klasse 2D, Schulhaus Probstei
(Kat. Kinder)

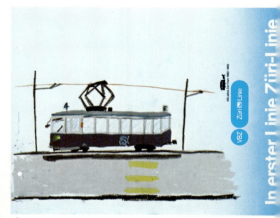

Jürgen Rakow, Birmensdorf
(Kat. Jugendliche)

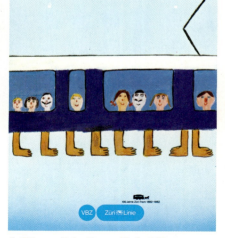

6. Klasse Schulhaus Gubel B
(Kat. Kinder)

erster Linie Züri-Linie

Enrico Sandmeier, Zürich
(Kat. Kinder)

Heidi Murbach-Gysin, Feldmeilen
(Kat. Profis)

Lothar Trott, Zürich
(Kat. Profis)

Alles fährt Tram

André Fritz, Zürich
(Kat. Kinder)

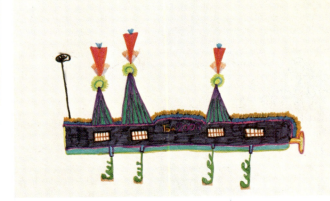

Susi Loacker, Zürich
(Kat. Kinder)

159

Anhang

Mitarbeiterverzeichnis
  Autoren
Rolf Bergmaier
Heinrich Brändli
Hanspeter Danuser
Gerhard B. Siedler
Hans R. Rüegg

  Fotos / Illustrationen
Heinz Baumann
Pio Corradi
Richard M. Gerbig
Kurt Gloor
Rolf Haefeli
Stephan Hanslin
Christian Kurz
Peter Mandzjuk
Roland Schneider

Bildnachweis
Baugeschichtliches Archiv, Zürich
  8, 9 (3)
Heinz Baumann
  98, 99 (2), 100 (3), 101, 102 (2), 103 (3)
Prof. Heinrich Brändli
  128, 129, 131
Bündner Kunstmuseum
  89
Pio Corradi
  78, 79, 80 (3), 81, 82 (3), 83 (4),
  84 (2), 85 (2)
Eidg. Landestopographie
  48, 50, 52, 53
FBW-Fahrzeug AG
  61, 68, 69, 70
Richard Gerbig jun.
  69
Rolf Haefeli
  112, 114, 115
Stephan Hanslin
  76, 77 (3)
Evelyne König
  86
Christian Kurz
  Titelblatt
Peter Mandzjuk
  134/135
Mercedes Benz AG
  132
Mike Müller
  38/39
Ringier Dokumentationszentrum
  60
Roland Schneider / Kurt Gloor
  26, 27 (2), 29 (3), 35, 47, 55, 57 (2),
  67, 69, 71, 75 (4), 96, 97 (4), 104 (2),
  105, 106, 107 (2), 108 (2), 109, 110, 111,
  121, 122 (2), 123 (4), 124

Max Schmeidler
  38, 39, 40, 41, 42, 43
Schweiz. Wagon- und Aufzügefabrik AG
  70
Urs Strub
  71
G. Tscharner AG
  64/65
Gebr. Tüscher & Co
  69, 71
Verein Tram-Museum Zürich
  23 (3), 24 (4), 25 (3), 26, 28, 57 (2),
  61, 72, 73, 74
Verkehrsbetriebe Zürich
  10/11, 12, 13, 14, 15 (2), 16 (2), 17 (2),
  19 (2), 20 (2), 21 (2), 23, 25, 28, 31 (2),
  32 (4), 33 (2), 34, 45, 46, 56 (2),
  58 (2), 59 (7), 62, 63 (3), 64, 65 (2),
  66 (5), 136